3ヵ月で結果が出る!
資格が取れる! 「超効率」勉強法

高島徹治

講談社+α文庫

文庫版まえがき

いきなりですが、最初に、他のどの本にもない、この本の最大の特徴を述べておきたいと思います。

この本は、いろいろな試験に合格するための、「勉強の技術」と「勉強の技法」を**事細かに、極めて具体的に**紹介した本です。抽象的にではありません。文字通り、事細かに、極めて具体的に、なのです。

以前のように、勉強は生徒や学生時代にするものという時代は終わり、今や社会人も勉強する「生涯学習の時代」になりました。その時代背景を受けて、数多くの勉強法の本が刊行されていますが、その多くは、勉強にどう対処するかという精神論か、あるいは著名人の「私はこう勉強した」という類《たぐ》いのものがほとんどです。

「勉強法というタイトルに惹《ひ》かれて買ってはみたものの、自分が求めた内容とは違う」「勉強の現場で、どう具体的に勉強すればよいかが書かれていない」「上から目線の話ばかりだ」と、後悔した方も多いのではないでしょうか。

その点、この本は、決してあなたを裏切りません。この本の中心的部分は、他の本がネグレクトしているか、ノウハウがないので書けない、正真正銘の**「勉強する現場での技術、技法」**の紹介です。

私が、なぜそれを書けるかといえば、自分自身が100を超える資格試験を受験し、そのうち90あまりに合格する過程で、「どうすれば、少ない労力（時間）で合格できるか」という意識のもとに、「勉強法の技術」を開発してきたからです。いいかえれば、現場で生み出した知恵なのです。

この本では、そのエッセンス（精華）を書かせていただきます。

そして同時に、このエッセンスである技法が、どうすればより美しく、より見事に花開くか、その土壌となる「勉強に取り組む姿勢」についても考えてみました。

もちろん、技術は、それ単独でも十分に有効です。「勉強に取り組む姿勢」がどうであれ、十分に力は発揮します。

しかし、技術も、どこかで生き物です。自分をより生かしてくれる発想（土壌）で使われれば、本来持っている力に比べて、より以上のパワーを漲《みなぎ》らせてくれるのです。

その意味で、単に技術、技法を駆使するだけでなく、その基礎となる土壌として、どんな発想法を身につけるべきか、これも私の体験を踏まえて、展開させていただきました。

そのポイントをあらかじめ書いてしまえば、勉強に立ち向かうときには、〝心のアクセル〟を踏み続けることが大切で、間違っても〝心のブレーキ〟を踏んではいけないということです。そのことを、精神分析学の創始者であるフロイトに学びながら、述べてみました（第2章）。

フロイトなどというと、ちょっと気取った感じがするかもしれませんが、これは、この本の中では、やや例外です。全体は、もっと正直に、試験に合格したいという願いに、具体的に即しています。

その証拠として、この本には、まだまだ実際に役立つ〝おまけ〟があります。それは、実際に正しい知識がなく、答えに迷う場合でも、そのハンディを乗り越えて正解を見つけてしまう〝魔法のような解答技術〟（＝裏ワザ）を紹介していることです。

こんなおいしい〝おまけ〟がついている本は、これまでなかったと思います。

「そんなものあるはずがない、ウソでしょう」というあなたは、第4章をひもといてください。そこには、「ウソでしょう」が、「うーん、なるほどね」に変わってしまう、珠玉の技法が紹介されています。

私は、53歳から資格試験にチャレンジをし始め、最初の3年間は1年に10資格くらいずつ合格してきました。となると、一つ一つの資格試験について、十分に勉強している時間がありません。

そこで、この本の中心的内容となる数々の技法を駆使するようになったのですが、それだけでは完全ではありません。試験の現場で、「えっ、こんなの勉強してない」とか、「これ、どうだったっけ」という問題に出会うことは、少なくないからです。

ここで白状しますが、そんな時は、この〝おまけ〟の技法に頼ったことがしばしばです。そして、それが少なからず、効果を発揮し、私に合格という結果を導いてくれたのです。資格試験は、1〜2点の差で、合格、不合格が分かれますから、この〝おまけ〟の技法は、決して無視できません。私が、人生を切り開けたのも、この〝おまけ〟の技法のお蔭《かげ》かもしれない、と思っているほどです。

私が、こういう現場の技法の数々を、なぜ、身につけることができたのでしょうか。この本のどこかで書きますが、実は私は、大の怠け者なのです。

怠け者は、労を惜しみます。なるだけ勉強時間を少なく納めて、そのくせ成果は掌中にしたいという、欲張りな、虫のいい願望を抱《いだ》きます。

私が開発した勉強の技術や技法は、実は、こういう動機から生まれた結果です。

この本は170ページほどで、それほど多い分量ではありませんから、楽しみながら読んでいただければ幸いです。

「なんだ、勉強には、こんなショートカット（近道）があったのか」という発見が、どう少なく見積もっても、15以上、いや本当は30以上あるはずです。

最後に、私からの切なるお願いですが、それらの技法は、ただこの本を読んだだけで終わらせないでください。実際のあなたの勉強法に、ぜひ取り入れていただきたいのです。そうすれば、あなたが資格試験、昇進試験、入社試験などを受ける際に、間違いなく、現実の効果（合格）という結果をもたらしてくれるに違いないからです。

これらのことを踏まえて、この本のタイトルに、「３ヵ月で結果が出る！」という言葉を使いました。その証拠に、私自身が、これらの勉強の技術、勉強の技法を使って、数多くの試験に３ヵ月もかからずに合格しているからです。

その喜びを、あなたと共に分かち合いたい！

この本を執筆しようとしているいま、私はその思いを一段と強くしました。この技術を駆使して合格された方の朗報を心よりお待ちしています。

２０１４年３月

高島《たかしま》徹治《てつじ》

著者が合格した主な資格試験と勉強期間

・資格名は五十音順で、一部、通称で表示したものがある。また、著者が受験した当時の名称で表示した
・勉強期間は、著者の実体験をもとに、若干標準化のための修正を加味した

アマチュア無線技士４級 とても簡単。試験回数も多い。合格率は70％以上	１ヵ月弱
英検（実用英語技能検定）準１級（１次） 英文の速読即断が必要。その点、２級、３級とは桁違いに難しい	４〜 ５ヵ月
英検（実用英語技能検定）２級 英語が得意だった人はそのままで合格。不得意なら３ヵ月の勉強を	２ヵ月
衛生管理者（第一種） ガテン系職場に必置義務。範囲は広いが出題傾向がはっきりしている	１ヵ月
衛生管理者（第二種） 事務系職場に必置義務。カタカナの物質名関連は出ないのでかなり楽	１ヵ月
eco検定（環境社会検定試験） 合格率高し。地球温暖化で人気沸騰も目下沈静中。いずれ復活も	１ヵ月
乙種第１類危険物取扱者 第１類は酸化性固体の取扱。他類合格者は物理・化学と法令は免除	１ヵ月弱
乙種第２類危険物取扱者 第２類は可燃性固体（硫黄等）の取扱。他類合格者は消火法10問のみ	１ヵ月弱
乙種第３類危険物取扱者 第３類は自然発火性物質及び禁水性物質（カリウム等）の取扱	１ヵ月弱
乙種第４類危険物取扱者 第４類は可燃性液体（ガソリンが代表的）の取扱。ＧＳで歓迎される	１ヵ月弱
乙種第５類危険物取扱者 第５類は自己反応性物質（ニトロ化合物等）の取扱。消火法10問のみ	１ヵ月弱
乙種第６類危険物取扱者 第６類は酸化性液体（硝酸等）の取扱。他類合格者は消火法のみ	１ヵ月弱
温泉旅行検定 趣味の資格。勉強から受験まで楽しく遊びながら受験しました	１ヵ月
カラーコーディネーター２級 出題は色彩検定と類似しており、一つの勉強で２資格が取れる	１ヵ月強
カラーコーディネーター３級 初歩的な色彩理論が中心で、色についての実技的問題はごく一部	１ヵ月
漢字能力検定２級（日本漢字能力検定） なめてかかるとホゾをかむ。少し難しめで、３級との差はある	２ヵ月
漢字能力検定３級（日本漢字能力検定） 最低10級からあるが大人なら３級が入り口。常識＋少しの勉強で合格	１ヵ月

9　著者が合格した主な資格試験と勉強期間

管理業務主任者 発足当初は簡単な試験だったが、最近はやや難化してきた模様	3ヵ月
記憶術検定 かつてこんな民間検定があったがすぐ廃止。筆者は第1回に受験	不定
救命技能認定 各地の消防庁（東京消防庁等）の普通救命講習を修了すれば取得できる	受講にて即日
行政書士 宅建よりも難しい試験になった。著者受験のころは1ヵ月で合格も	3ヵ月
銀行業務検定試験 業務別に分かれており、多種多彩な試験分野とレベルがある	1ヵ月〜1年半
経済学検定試験 学生の就活に寄与しようと設立。近代経済学で、函数表などが頻出	1ヵ月
原付免許 著者は二輪、自動車とも運転しないが、試験を体験するためアタック	1週間
高圧ガス販売主任者 プロパンガス等の販売員に必要な資格。試験はかなり平易	1ヵ月
国内旅行業務取扱管理者 専門学校生が大挙して受験し、それなりの合格実績をあげている	1ヵ月
国連英検B級 一般の英語力だけでなく、国連関係の知識も英語で問われる	3ヵ月
社会保険労務士 理解も必要だが、細部の記憶も必要な難関試験	6ヵ月〜1年
生涯学習インストラクター2級 生涯学習の講師に値する人に称号授与。他資格の取得実績で判断	不要
商業英語検定Bクラス〈現在は廃止〉 商業にしぼった英語の知識。Bクラスはかなりの難関として有名	3ヵ月
商業英語検定Cクラス〈現在は廃止〉 ビジネス手紙文作成やデクテーションもあった	1ヵ月
消費者力検定 消費分野での後発資格。基礎コースと応用コースがある	1ヵ月
消費生活アドバイザー 1次の択一式より2次の論文を苦手にする人が多い。対策が必要	3ヵ月
消費生活専門相談員 国民生活センターが地方自治体の相談員に取得を勧奨している	1ヵ月
消防設備士乙種第5類 避難はしごや救助袋が対象。第6類合格者は法令等2科目が免除	2ヵ月
消防設備士乙種第6類 設備の種類ごとに分かれ、第6類は消火器。危険物より難易度が高い	2ヵ月
食品衛生責任者 この資格者がいないと飲食店は営業できない。ただ1日の講習で取得	受講にて即日

スペイン語技能検定６級 ６級は大学入学後３ヵ月程度。集中して２週間の勉強は必要か	１ヵ月
宅地建物取引主任者 50問中32～35問正解で合格。実施年によって合格ラインは上下する	３ヵ月
タッチタイピング（ベーシックコース） ＧＷの４日間を通い詰め、タッチタイピングの技能を習得	４日間
中小企業診断士（１次） 理解中心で攻めていける試験。日経新聞を“第２のテキスト”に	４ヵ月～５ヵ月
定年力検定 話題になったが、受験者数は意外に伸びず、現在は自宅受験方式に	１ヵ月
鉄道旅行検定〈現在は廃止〉 鉄ちゃん向け。獲得点数で「のぞみ（２級）」「特急（５級）」などの称号があった。	１ヵ月
TOEIC英語テスト630点（業務レベル） 英語に慣れている人で２～３ヵ月。不得意なら６ヵ月以上は必要	２ヵ月
日本語文章能力検定２級 手紙文では満点をもらったが、全般に採点方針に異議がある	２ヵ月
年金アドバイザー２級 年金額の計算など、実務的な出題。金融業界の受験者も多い	２ヵ月
販売士１級 中小企業診断士１次と内容が重なる。かなりの難関	３ヵ月
販売士２級 １級に比べ、格段に合格しやすくなる。３ヵ月なら十分	２ヵ月
販売士３級 ２級よりさらにやさしい。成功体験を積むのに適した資格	１ヵ月
ビジネス実務法務検定試験２級 ３級より難しいが合格率は40～50%。午前、午後で２階級受験も可能	２ヵ月
ビジネス実務法務検定試験３級 東京商工会議所主宰。３級は合格率が高く、ときに80%も	１ヵ月
ビジネス文書技能検定２級 難しくはない。しかし、勉強すると実務的に役立つことは多い	１ヵ月
ビジネス文書技能検定３級 秘書検定の姉妹資格みたいなもの。若年の方にオススメ	１ヵ月弱
秘書技能検定２級 ビジネスマナーの初歩を学ぶ。３級と大きな差はない	１ヵ月弱
秘書技能検定３級 試験は簡単、会場の最寄り駅にはフレッシュな女性が集い混雑も	半月
ファイナンシャル・プランニング技能３級 学科・実技とも９割の得点だった。近いうちに２級、１級に挑戦予定	２ヵ月

ファッションコーディネート色彩能力検定２級 現在の名称は色彩検定。文科省と結びつきが強く、学生・生徒の団体受験が多い	１ヵ月強
ファッションコーディネート色彩能力検定３級 女性に人気。少しの勉強で合格するので資格挑戦の登龍門に最適	１ヵ月
福祉住環境コーディネーター２級 数字問題で失敗する人も多い。高島式数字記憶法を活用すべし	２ヵ月
福祉住環境コーディネーター３級 商工会議所主宰の資格試験の特徴で、３級はどれも受かりやすい	１ヵ月
フランス語検定５級 50時間学習者を対象にしている。５級なら楽な試験	２ヵ月
法学検定３級（行政コース） 大学で学ぶ法学知識を客観テスト化。実務法学とは趣が違う	３ヵ月
法学検定４級（法学入門他） 講学的な法学が出題されるが、４級ともなるとさすがにやさしい	２ヵ月
簿記検定（日商）２級 工業簿記がやや難関だが、商業簿記は３級の延長線上で楽	２ヵ月
簿記検定（日商）３級 満点合格者もいるほど取り組みやすい。ともあれ受けてみよう	１ヵ月
ビジネス・キャリア制度修了認定（現ビジネス・キャリア検定試験） 旧労働省が主導して設立されたビジネスパーソンの専門的知識について認定する制度。人事・労務、経理・財務、法務・総務、生産管理など全10部門について、細分化された100を超えるユニットが、中級（実務レベル）、初級（基礎レベル）のレベルに分けて措定されていた。このうち、著者が修了試験を受けて合格し、認定されたのは以下の通り（なお、2007年からビジネス・キャリア検定試験と名称が変わり、内容も全面的に改正が加えられた）。 ●人事・労務・能力開発分野……人事概要ユニット／集合教育・自己啓発・OJTユニット／能力開発概要ユニット／人材開発企画ユニット／給与・社会保険ユニット／労務概要ユニット ●法務・総務分野……企業法務基礎ユニット／紛争処理・予防に関する法務ユニット／企業取引に関する法務ユニット／不動産に関する法務ユニット／労働に関する法務ユニット／知的所有権に関する法務ユニット／営業法務ユニット／契約・担保管理ユニット	（内容により）２週間～２ヵ月

◉目次

第2章　「受かる人」の思考法

第3章 「3ヵ月合格」を実現する「勉強の技術」

第4章 合否ボーダーラインで勝ち残れる「裏ワザ」集

第1章

「3ヵ月」だから合格できる理由

ほとんどの試験は「3ヵ月で結果が出る」

この本は、タイトルに「3ヵ月で結果が出る！」とうたっています。こういうと、「へぇ、3ヵ月だなんて、そんなことアリかね。ほんとかね」という疑問をさしはさまれることが、少なからずあります。

しかし、これは、実現不可能な、荒唐無稽《こうとうむけい》なことを言っているのではありません。実は「3ヵ月合格」は、それほど難しいことではないのです。

私は、「文庫版まえがき」に書いたように、90あまりの資格試験に合格していますが、一つの資格の準備期間に3ヵ月以上かけたのは、いくつかの例外だけです。

たとえば、社会保険労務士や中小企業診断士（1次）が、それに当たります。とくに、社会保険労務士は、細部の知識を問う問題が多く、私のようにアバウトに勉強する、言いかえれば、「全体把握型勉強」をする者には、苦労の多い試験でした。

いっぽう、中小企業診断士は、その反対側に位置する試験で、大意把握を中心とした勉強で立ち向かえるので、私にとってはわりあい容易に合格することができました。

「文庫版まえがき」の後に掲載した表では4〜5ヵ月になっていますが、実質は3ヵ月くらいの勉強期間です。

ただ、難関といわれる中小企業診断士にそんなに簡単に合格したのは、その前に簿記2級に受かっていたので、財務系の科目の下地があったこと、それに編集会社の経営に十数年携《たずさ》わっていたので、アバウトながら実務的な知識はいくらかあった、という好条件のせいかもしれません。

話を元に戻しますが、私自身、ほとんどの試験に3ヵ月以内の勉強期間で合格しています。ですので、資格試験に限って言えば、一部の「受からない資格試験」を除けば、3ヵ月で合格することは十分に可能である、と自信をもって言い切ることができます。

「受かる資格試験」「受からない資格試験」

おやおや、「受からない資格試験」などという妙な言葉が出てきましたね。ここで、少し脇道にそれますが、そのあたりの解説をしておきましょう。

この本で扱う勉強法は、資格試験に限ったことではなく、入社試験、昇進試験、また学生さんの定期テストや進学勉強にも有効なものです。

ただ、読者の方の多くは、多かれ少なかれ、資格取得にも興味を持っておられると思いますので、以下はそんな方に役立つ一つの情報です。

試験には、「受かる資格試験」と「受からない資格試験」があります。もっとも、一人も受からない試験というのは、現実にはありません。どんなに難関な試験でも（たとえ合格率が２％、３％であっても）、何人かは合格します。

ですから「受からない試験」というのは一種の形容矛盾ですが、しかし、勉強時間が制限されている社会人が、合格率が一ケタ前半の試験に挑戦することは可能でしょうか。

現実には、無理でしょう。私は、こうした超難関試験を「受からない試験」と名付け、自分の受験範囲や勉強法の対象からは、省いています。具体的には、司法試験や公認会計士、アクチュアリー、弁理士などの試験です。

一方、**「受かる試験」とは、仕事をしながらでも十分に合格できる可能性の高い試験**を指します。昇進試験はもちろんのこと、資格試験でいえば、行政書士、宅地建物取引主任者、社会保険労務士、ＩＴパスポート、マイクロソフトオフィススペシャリストなどです。

この**「受かる試験」は、難易度によって、三つのレベルに分かれます。**一番上のＡレベルは、司法書士、税理士、社会保険労務士、不動産鑑定士、中小企業診断士、行

「受かる試験」にも三つのレベルがある

レベル	勉強期間	資格名
Aレベル	早くて6ヵ月。資格によっては、1年半から2年の勉強期間が必要である	司法書士／税理士／中小企業診断士／販売士1級／社会保険労務士／行政書士／不動産鑑定士／土地家屋調査士／マンション管理士／証券アナリスト／TOEIC730以上／英検準1級・1級／通訳案内士／漢検準1級・1級／気象予報士／環境計量士／一級建築士／プロジェクトマネージャ／システム監査技術者／ソムリエ
Bレベル	3ヵ月勉強すれば、ギリギリ合格できる	宅地建物取引主任者／管理業務主任者／通関士／総合旅行業務取扱管理者／消費生活アドバイザー／ケアマネジャー／介護福祉士／ファイナンシャル・プランナー2級・3級／建設業経理事務士／TOEIC630／英検2級／漢検2級／基本情報技術者／応用情報技術者／公害防止管理者／インテリアコーディネーター／カラーコーディネーター2級／CAD利用技術者／測量士（補）／電気工事士／電気主任技術者／消防設備士／ワインエキスパート／森林インストラクター
Cレベル	3ヵ月の勉強期間なら、ゆとりをもって合格できる	ITパスポート／第一種衛生管理者／第二種衛生管理者／乙種危険物取扱者／eco検定（環境社会検定試験）／日商簿記2級・3級／販売士2級・3級／秘書検定2級・3級／英検3級／漢検3級／国内旅行業務取扱管理者／キッチンスペシャリスト／DIYアドバイザー／食品衛生責任者／防火管理者／愛玩動物飼養管理士

政書士、マンション管理士などです。

これらの試験は、けっして受からないわけではありませんが、一般的にいって「3ヵ月で合格」は、無理でしょう。早くて6ヵ月から1年半、資格によっては2年が目標になります。

その次にランクされるのが、「ギリギリ3ヵ月で合格できる」資格試験です。宅地建物取引主任者、管理業務主任者、消費生活アドバイザー、ケアマネジャー、介護福祉士、などです。

この次に、いちばん親しみやすいCレベルの資格試験として、衛生管理者、危険物取扱者、販売士（2級、3級）、秘書検定（同）、日商簿記（同）などがあります。これらは、「3ヵ月でゆうに合格できる、場合によっては1〜2ヵ月で合格できる」資格試験です。

そのほかにも、いろいろな資格試験がありますので、レベル別に表にしておきました。

合格に必要な「受かる技術」

さて、「3ヵ月で合格する」が、決して荒唐無稽なことでないことは、わかっていただけたと思います。

ただ、誤解なさらないでください。漫然と3ヵ月努力すれば、合格という証書が天から自然と舞い降りてくるわけではありません。どんな物事にも、技術や技法、またはコツやツボというものがあります。

歌舞伎や能でも、絵画やピアノやヴァイオリンでも、またいろいろなスポーツ競技でも、その勘どころを身につけるために、才能ある人たちがしのぎを削って鍛錬を重ねるのです。それが実って、多くの人が感嘆する技が、その人のモノになるのです。

勉強の場合は、そこまできびしいわけではありませんが、ここでも、技術や技法は、大きくモノをいいます。**漫然と勉強時間を使っていた人と、勉強の成果をあげるために技術や技法を身につけ、効率的な勉強をした人と……その差は、大変なものです**（それを科学的に証明する方法は、見つかっていませんが、常識的にも、それは理解できると思います）。

この本のメインのテーマは、その勉強の技術や技法（極めて効率がよい＝超効率的な勉強法）を紹介することですが（第3章）、その前に、なぜそんなに早く結果を出すことが望ましいのか、考えてみましょう。

締め切りのない仕事を、ビジネス社会では、「アンチ・ブーメランな仕事」といいます。ブーメランは、投げればやがて手元に戻ってきます。しかし、アンチ・ブーメランは、結果を期待して投げたはいいものの、投げた人の手元には戻ってはこないのです。「時間がある時にやってくれたまえ」という上司の命令は、実は受けた側からいえば「やらなくてもいいよ」と同義に聞こえます。忙しい日常の中で、「時間がある時」など見つけられるはずもないからです。上司の側からいえば、まさに、投げても返ってこないアンチ・ブーメランです。

実は、資格試験で、合格時期を定めずに勉強をすることは、まさにこの「アンチ・ブーメラン」そのものです。

どんなに意志の固い人でも、締め切りがないと、身体・精神活動を活性化させる体内物質、アドレナリンが分泌されません。いきおい、いろいろな理由をつけて、勉強を一日延ばしにします。

そして気がついたら、試験日1週間前。ここからでは、いくらスパートをかけても追いつくことはできません。

ですから、資格試験の勉強にも、締め切りが必要なのです。

その期間は、「3ヵ月」が、もっとも適当です。3ヵ月と区切ることによって、だらだらやる「アンチ・ブーメラン」的惰性とは、潔《いさぎよ》く手を切ることができます。

「締め切り効果」が合格率を上げる

このことに、別な面から、焦点を合わせてみましょう。

「仕事は、忙しい人に頼め！」――。

あなたは、こんな言葉を、聞いたことがありますか？　業務の一部を外部の人に頼むのが仕事の人、あるいはいつも部下に仕事を割り振っている上司。そういう立場の人にとって、この言葉は「鉄則」になっています。

なぜでしょう？　忙しい人間に頼んだら時間が取れなくて、上がってくるまで日時がかかる。挙げ句、納期が遅れる。それよりも、暇なので、時間を自分の意のまま、いかようにも使える人に頼んだほうが、納期が間違いなく守られるのではないか。

ふつうは、そう考えるかもしれません。しかし、現実は逆なのです。

忙しい人ほど、約束の期日をさほど違《たが》えずに、仕事を上げてきます。暇な人ほど、いろいろ理屈をつけて、結局は大幅に納期が遅れるのがふつうなのです。

理由は簡単です。多忙な人は、仕事が詰まっているので、一つの仕事を遅らせると、その他の仕事も連鎖的に遅れて、収拾がつかなくなります。それがわかっているので、一日いっときも疎《おろそ》かにせず、邁進《まいしん》します。

反対に、暇な人は「このくらいなら、いつでも取り返せるや」と、仕事を一日延ばしにしているうちに、ついに納期が来てしまうのです。

何か、資格試験とは関係のない事柄を語ってしまったようですね。でも、そうではありません。

「頼まれた仕事」を「資格試験の勉強」に、「納期」を「試験の当日」に置き換えて考えてみてください。この関係が、そっくりそのまま当てはまるのです。

十分に余裕をとった勉強時間を持って試験に臨む人が、十分な準備ができているかというと、そうではありません。時間に少しの余裕があるだけに「いつでも挽回《ばんかい》できるさ」という意識から抜けきれないのです。

反対に、その余裕がない人は「今やらなければ、やる時間がない」という緊迫感のもとで試験準備を行います。ですので、無駄がないのです。効率が、想像以上に上がります。

実は、このことは、心理学の世界でも早くから認められている理論です。**「締め切り**

効果」という心理作用のことで、『心理学辞典』ほか、多くのテキストにも載っています。

資格試験を、3ヵ月で合格してしまおう、そしてそれは十分に可能だ、ということの本の考え方も、そこからきています。

試験の準備は、いたずらに時間を注《つ》ぎ込むのがいいとは限りません。適度の緊張感を持って、「この一番で勝負」という姿勢が必要なのです。

そうすれば、「案ずるより産むがやすし」で、3ヵ月で合格することは、十分に可能なのです。

「3ヵ月」だから広がるチャンス

ここまでは「3ヵ月でも合格できる」ということにスポットを当てて考えてきました。でも、これだけでは、不十分です。

実は、社会人にとっては、「3ヵ月以内に合格する」ことは、ある意味、是が非でも達成しなければならない課題でもあるのです。英語でいえば**「can（可能）」だけでなく、「must（務め）」である、**というわけです。

それは、学生さんと社会人の勉強環境の違いから来ています。学生時代の勉強と「社会人」、つまり多くのビジネスパーソンにとっての勉強は、どこがどう違うのでしょうか。

いちばんの違いは、時間の使い方です。多くの学生さんにとって、本来メインの〝仕事〟は、勉強をすることです。最近の学生さんは、アルバイトやサークル活動や部活に多くの時間をとられ、忙しいといいますが、それでも勉強が主たる〝仕事〟であることは否定できません。

では、社会人は、どうでしょうか。社会人の主たる仕事は、文字通り仕事です。たとえば、営業の人は、ルートセールスであれ、直販セールスであれ、少しでも自社製品の販売拡大をしなければ、「なんだあいつは」という非難の矢面に立たされます。

では、社会人は、仕事だけしていればいいか、というと、けっしてそうではありません。「まえがき」にも書きましたが、今の時代は「生涯学習」が当たり前の時代です。社会人であるからこそ、日々勉強を続けていかないと、ビジネスの前線から脱落してしまうのです。

つまり、社会人は、仕事をしながら勉強をし、その勉強の成果を仕事に反映させ、より高いレベルでの仕事を営みながら、また勉強を続ける。そんなふうに、螺《ら》

旋《せん》的な向上を求められているのが、現代のビジネスパーソンの姿です。

となると、勉強をするにしても、だらだらとしていればいい、ということにはなりません。たとえば、資格取得に挑戦する場合は、目標期間を「3ヵ月」と区切ることによって、結果を出すことが求められます。

「任意の自己啓発だから、そんなにあくせくすることはないよ」などと思っていると、だらだらと勉強しているだけ、という自己満足に終わってしまいます。この自己満足が、いちばんいけません。

反対に「3ヵ月」という区切りをつけることによって、次々と新しい分野に挑戦していくチャンスが生まれます。その過程で、あなたは、これまでは想像もできなかった世界（分野）のことを知ることができます。そして、新しい自己像が描かれていくのです。

私が53歳から90以上もの資格を取ったわけ

話が、やや硬くなりましたので、この章の最後に、「3ヵ月受験」のことも含みながら、私のたどった道を、自己紹介させていただきます。

私は、いま、資格コンサルタントとして、選び方から取り方まで、資格についての情報提供を仕事としています。なかでも、もっとも力を注いでいるのは、自分自身が資格を取得する過程で修得した、私独自の勉強法による能力開発の分野です。

その、私の勉強法には、記憶法や速読勉強法を含んでいますが、これらは世間でビジネスとしてかまびすしく宣伝されている記憶法や、速読法とは全く違うものです。「特別な訓練の必要がない」「誰もが、いまからでもすぐできる」記憶法や速読法です（第3章で詳しく展開します）。

これらの分野を中心に、著作、講演、テレビ・ラジオの電波媒体への出演などを行っています。

こうした現在に至るすべての出発点は、53歳のときに初めて受けた資格試験です。

それまでは、小規模な出版・編集会社の「優秀でない」経営者でした。「優秀でない」というのは、よくある〝成長第一主義〟の報《むく》いで、社員数こそ3人から70人に増えましたが、資金繰りに追われ続けた、20年にわたる経営者生活だったからです。

その経営を若手の副社長にバトンタッチし、さて何をしようかというときに、資格というものが視野に入ってきたのです。

目的は、当時も若年老化が叫ばれていましたから、脳の活性化対策が一つです。また、併せて、なんとなく将来、資格についてのコンサルタント業を営もうかな、という気持ちが少しありました。そんな複合的な目的からの出発です。

初めて受けた試験が、ご多分に漏《も》れず、宅地建物取引主任者試験です。当時は、バブルの最末期でしたから、気持ちはバブルに踊らされていたのでしょう。

でも、試験を受けるなどという行為は、ン十年前の大学生時代以来ですから、10月第3日曜の試験日にはけっこう緊張しました。前の夜は、あんまり眠れませんでした。

つまり、試験のアマチュアだったのです。そして、**1週間後の10月第4日曜には、行政書士の試験がありました**が、これは、それほど準備もしていませんでした。当時の行政書士試験はわりあい簡単なレベルでしたから、軽い気持ちで受けたのです。

翌11月には、日本商工会議所の簿記検定3級を受けました。

そして、いざ発表になってみたら、この三つの試験すべてに受かっていたのです。

運がよかったことは否定できません。ただ、同時に**「なんだ試験って、外からみて描いていたイメージとは、少し違うんだな。特別に難しいものでもないんだな」**という感想を抱いたことも事実です。

さあ、それからがいけません。「資格を取るって、けっこう楽しいものなんだ」というので、多分にやみつきになってしまったのです。

で、次々と受けているうちに、取った資格が20になり、30になり、50になっていきました。

そこから後は、アマチュアというよりは、セミプロです。**合格のコツもわかってきますから、それほど努力もしないで取得することができる**ようになります。そして、ついに90を突破してしまいました。昔から〝餅《もち》は餅屋〟といいますが、資格の受験も似たようなところがあります。

こんなふうにして、**私は、楽しみながら資格試験に挑んできました。**

合格証書より役立つもの——それは知識

少し面白おかしく述べた面がありますが、資格試験の効用として、こういうことは言えると思います。

私にとって、この体験を通じていちばん役立ってくれたのは、試験の合格証書ではありません。それ以上に**「試験勉強をしていて学んだ知識」**です。

私たちは、新聞を読んだり、ビジネス雑誌に目を通したりしながら、知識を仕入れます。

でも、その知識は、往々にして他人事であることが多いのです。

「へぇー、株が下がったか」「上がったか」といっても、実際に株をやっていない人、または株を商品として扱っていない人にとっては、明日には忘れてしまう知識でしかありません。

ところが、実地に関係している人にとっては、いやでも忘れられないのが市場の動きです。忘れたくても忘れられないときさえあるでしょう。

資格試験の勉強にも、そういう面があります。**合格するかしないか、というシビアな状況の中で身につけた知識は、記憶としての定着度がかなり強い**のです。

ふつうの市民講座などで聞いた話とは、真剣度がまるで違います。簡単には忘れない強力なインパクトを持っています。

そんなわけで、私は、なかなか忘れ得ないたくさんの知識を、資格試験の受験を通して身につけさせてもらいました。

そして、その知識を基軸にし、さらにそれに加えて日々の新聞、専門誌、書籍による知識の「新化」と「深化」をはかることによって、知的な生業《なりわい》を営み続けております。

勉強で人生が変わる

このように、私が〝もう一つの人生〟に踏み出したのは、53歳のときです。そこから船出して、いろいろな知識とテクニックを身につけました。

そんな私のところに、あるとき、テレビ番組（TBS「クイズ！ 日本語王」）からオファーがきました。「日本語王」として出演しないか、というお誘いです。パフォーマンスが下手な私のことですから、関係者の方にご迷惑をおかけすることを心配しながらも、せっかくのチャンスでしたので、お受けしました。

オンエアの時間にして十数分、芸能人の方々を生徒役にして〝先生〟役を演じましたが、MCのウッチャンナンチャンには、イジられたり助けられたりしながらも、大いに勉強になりました。

このようにして、私は新聞や雑誌、ラジオ・テレビ、講演などの仕事を続けていますが、これらの活動ができるのも、資格試験での合格を目指して勉強したことの蓄積があるからに他なりません。

53歳で経営を引退したとき、私はしがない零細企業の「さえない元社長」にすぎませんでした。しかし、資格試験に挑戦することによって、元気な「知的産業従事者」に変身することができました。

読者のみなさまの多くはきっと、当時の私よりお若い方々でしょう。「3ヵ月合格」を踏み台にして自分自身の飛躍に挑戦してみませんか。

私の例からいっても、それは十分可能なことなのです。

この章の確認ポイント

◆資格試験には、「受かる資格試験」と「受からない資格試験」があります。仕事をしながら十分に合格できる「受かる試験」にまず、挑戦してみましょう。

◆「受かる試験」だからといっても、ただ漫然と努力すればいいわけではありません。結果を出すためには、一定の締め切り時間を定め、身体・精神活動を最大限に活性化しなければなりません（締め切り効果）。

◆それには「3ヵ月で合格できる試験」が、もっとも適しています。

◆社会人にとって、「3ヵ月以内に合格する」ことは、「can（可能）」だけでなく「must（務め）」です。現代の社会人は、仕事と勉強の成果を螺旋的に向上させていくことを求められているからです。

◆そのことに成功したとき、人生の光景が一段と輝きを放ちます。

第2章

「受かる人」の思考法

テクニックの効果が倍増する条件

これから〝3ヵ月で結果が出る勉強法〟について書いていきますが、その中身は詳細な勉強のテクニック（技術）を紹介するものです。

「文庫版まえがき」でも書きましたが、多くの勉強法の本は（とくに著名人によるものは）、勉強法といいながら、技術ではなくて精神論が中心になっています。その点、この本は違います。私が90を超える資格試験に合格する過程で開発した、きわめて**具体的なテクニックの紹介**なので、今日からでもすぐ実行できるものばかりです。しかもそれは、勉強の全領域にわたっています。

では、このテクニックを身につけさえすれば、勉強の実績は確実に上がるでしょうか。たしかに上がります。何も考えずに、今日から、このテクニックをひたすら実行していくだけで成績は2倍増、3倍増します。

ただ実は、**このテクニックの効果をさらにさらに上げる方法がある**のです。それは、このテクニックという種子がよりみごとに花開くように、土壌を耕してやることです。

強い種子は、土壌のよし悪しを超えて、十分に花開きます。しかしその種子が、豊《ほう》饒《じょう》な土壌で育《はぐく》まれたら、その何十倍もの実りを見せるでしょう。

これは勉強についても同じです。ですので、テクニックの効果を満開させるために、まずその土壌を耕しておきましょう。この章では、それを考えてみます。

「受かる人」とは「心のアクセルを踏める人」

テクニックの効果を満開させるための土壌としてまっ先にあげたいのは、〝心のアクセル〟を踏みながら勉強に取り組もう、ということです。言いかえれば絶対に〝心のブレーキ〟をかけながら勉強に取り組んではいけない、ということです。

それは、どういうことでしょうか。

たとえばあなたは、「自分は、試験に落ちるのではないか」と心配しながら勉強していませんか。それくらいならまだいいのですが、「いや、自分はきっと落ちる。いままでだって、ずーっとそうだったし」と自ら自分を不合格にしてしまっている人がいます。

こういう方には、まちがいなく「不合格」の通知がやってきます。だって、試験機関がどうこうする前に、自分が自分に「不合格」の烙印《らくいん》を押してしまっているのですから。

こういう方には、万に一つしか合格通知はやってきません。

これを私は、〝心のブレーキ〟といっています。何でも否定的、ネガティブに考え、そのように受け取ってしまう心のあり方です。

いっぽう、心の状態をいつでもアクセルを踏めるように備えている人がいます。こういう方は、何事に対しても、ポジティブです。試験の準備が、まだ半分くらいしか進んでいないのに、もう合格したときのことを考えています。

「あそこに事務所を借りて開業し、半年後に事務の人に入ってもらい、1年後には……」

なんていう夢を描いています。

そして、その成功図、成功イメージを、試験勉強の励みにし、がんばっているのです。

こういう明るさも、行きすぎると現実ばなれしていると警戒されますが、ほどほどの範囲であれば、夢のある人として周りから温かい評価を受けます。

その評価は、本人にも跳ね返ってきます。それが、次の勇気、次の一歩を踏み出すために、背中を押してくれるのです。

こういう人を私は、〝心のアクセルを踏める人〟と呼んでいます。他人の想像や、自分の予定より早く、受験に成功する人の一つのパターンです。

このように、**心にブレーキをもっているか、アクセルをもっているかで、勉強の世界で生きやすかったり、生きにくかったりします。**

記憶力アップに影響する「心の問題」

実は、「頭のよさ」や勉強の出来・不出来には、心の問題が大きくかかわっています。ですから、「頭がいい人」になるためには、心の問題をないがしろにして進むことはできません。

たとえば、勉強の中で大きな位置を占めるのは「記憶」ですが、よく記憶できるかどうかにも、心の状態が大きくかかわってきます。

精神分析学の創始者として有名なフロイトの言葉をひもといてみましょう。

「感情は記憶を創りだすうえで欠かせないものである。なぜなら、記憶が記憶であるためには、時間と秩序の観念が欠かせないように、感情は記憶を構成し、事件の流れの重要性を打ち立てるからだ」

つまり、感情を伴わない過去の経験は、記憶を構成しにくいといっているのです。ここでいう感情は、注意力とか意欲といってもいいでしょう。

これは、経験的にも納得のいく話です。毎日が目立った出来事もなく打ち過ぎていった日々については、あとで「あれ、あのころ、何をしていたんだっけ」といっても、なかなか思い出せるものではありません。

また、フロイトはこんなことも述べています。

「すべての記憶と忘却にとって、意図は根源的なものである」(以上、『精神分析入門』『日常生活の精神病理学』、人文書院『フロイト著作集』収録)

つまり、**覚えようという意図があれば覚えるが、意図がない、つまり覚えようとしないものは忘れる**、というのです。

小・中・高校の生徒さんなら、親からの無言の圧迫を受けて、勉強するふりをしていても、本人にその意思がなければ、記憶なんてできるわけがない、という意味にとることもできるでしょう。

意図のもとになるのは、感情です。好ましい感情があれば意図も生まれるが、好ましくないと思っていれば、意図も生まれません。

実は、フロイト自身に、この言葉を地で行くような経験があったのです。

医者でもあった彼が、あるとき一人の女性患者の名前がまったく頭に浮かばなくなってしまいました。懸命に思い出そうとしても、どうしても無理なのです。そして、その理由を追究していった結果、はたと膝をうちました。

実は以前に、その患者の病気を誤診したことがあったのです。重い胃潰瘍《いかいよう》だったのに、神経障害という診断をくだしてしまったといいます。

彼にとって、こんな不名誉なことはありません。そこで、その患者の名前を無意識のうちに、忘却の彼方に押しやってしまった、というわけです。つまり、忘れようという意図があったのです。

心がアクセルを踏めるように

フロイトの理論の中心的なものの一つに、**〈快楽原則〉**または〈快感原則〉、〈快楽原理〉というものがあります。その理論によると、人は本能的に不快な状態を避けて、快楽を求める傾向をもっているといい、これを一次過程といいます。

しかし、より高次な過程になると、不快なこともしなければならないという現実にも目覚めることになります。快楽とのバランスを取る〈現実原則〉が生まれるわけです。

人は、この二つの原則のはざまでいろいろな葛藤《かっとう》を経験しながら生きる、というのです。

私は専門家ではありませんから、理論として正しいかどうかは、判断の埒外《らちがい》です。ただ、そう言われてみると、私たちの人生にはぴったり当てはまっているように思えてなりません。

こうしたことを知ったうえで、先のフロイトの言葉を解釈すると、こんなふうに具体化できるでしょう。

「人間にとって、快適であり、好いと思われる感情は、記憶を創りだすうえで欠かせないものである。好い感情は記憶としてとどまり、役立ってくれる」と。

記憶だけでなく、勉強などのいっさいの知的活動は、こうした心の動き……〝快情動〟が働くか、〝不快情動〟が働くか、に支配されているのです。

ですから、心にブレーキをかけてはいけません。心は常にアクセルが踏めるようにしておく必要があるのです。

フロイト語録

1 「感情は記憶を創りだすうえで欠かせないものである」

2 「すべての記憶と忘却にとって、意図は根源的なものである」

3 「人は本能的に不快な状態を避け、快楽を求める傾向がある」

あなたを勉強ぎらいにした犯人は誰？

実はこの本は、自分で「頭がいい」と自信に満ちあふれている人は、読者として想定していません。いっぽう客観的には別として、自分では「頭が悪い」と勝手に思い込んでいる方も、世の中にはたくさんいらっしゃいます。

そんな方に言いたいのですが、「頭が悪い」とか「頭の力が衰えた」というのは、その人の単なる思い込みにすぎません。**現実には、頭の程度、知能レベルを測るモノサシは何一つとしてない**のですから。

知能指数が高い＝頭がいい、という刷り込みは、一般に広く信じられていますが、あれは誤解です。テーマが違うので、ここでは詳しい記述は控えますが、知能指数は、単にその人の早熟度を計るモノサシにすぎないのです。

では、それなのに、人はなぜ「自分は頭が悪い」などと思い込むのでしょうか。

ここで、フロイトの患者の名前の記憶喪失のことを思い起こしてください。彼がなぜ、名前を思い出せなかったかというと、以前に不快な事件があったからなのです。

あなたの勉強ぎらいや、「頭が悪い」という思い込みも、それと同じです。

これまでの人生で、あなたを勉強ぎらいにさせたり、「頭が悪い」と思い込ませたりする原因があったのではありませんか。

多分、それはご自分の親か、学校の教師でしょう。「勉強しろ、勉強しろ」の決まり文句……。「勉強しないと、幸福な人生は送れないぞ」という脅迫。「誰々クンは、知能指数が抜群なのだ。それなのに勉強している。お前は、知能指数が低いのに、勉強もしない。これじゃ、差が開くばかりだぞ」これらの言葉の弾丸は、心に快適にひびくものでしょうか。耳元で快いシンフォニーを奏《かな》でてくれるでしょうか。

ノーですよね。実は、ここから人々の勉強ぎらいの人生がはじまっていたのです。

その状態は、程度は軽いにしても、ちょっとしたトラウマに陥《おちい》っているといえるでしょう。いまあげた三つの言葉に関連すること、つまり勉強のことですが、何とかそれを回避したいという深層心理が、「頭が悪い」という思い込み、つまり悪い自己像を生み出し、勉強ぎらいにつながっているのです。

フロイトの〈快楽原則〉を活用する

では、勉強好きになり、「頭がいい人」になるには、どうすればいいのでしょうか。

これと、逆のことをやればいい、という結論は、すぐ思い浮かんできますね。

そうです。**勉強について、楽しいことをたくさん生み出せばよいのです。フロイトのいう〈快楽原則〉、〈快感原則〉を、貫徹させる**わけです。

『ツキを呼ぶ「魔法の言葉」』（五日市剛《いつかいちつよし》／マキノ出版）という本が、「クチコミだけで60万部売れている」とかつて話題になりました。**「ありがとう」「感謝します」「ツイている」という、三つの言葉を折にふれくりかえす**ことで、人生が開けてくるというのです。

勉強でも、そうかもしれませんね。

「大人になっても勉強ができる機会を与えてくれてありがとう」

「自分の力を開発できるなんて、なんと素晴らしいことだろう。感謝！」

「合格体験をありがとう。なんて私は、ツイているんだろう」

このように、心のアクセルを踏めば、ますます勉強が好きになるかもしれません。

私の場合は、そうでした。会社経営を引退して、脳の活性化対策として受けた三つの資格試験。宅地建物取引主任者、行政書士、簿記3級に、幸運にも合格してしまったのです。きっと、運命の神さまが、「20年も資金繰りで苦労してきたんだから、少しは楽しい思いをさせてやろう」と、いたずら心を起こしてくださったのかもしれません。

いずれにしても、ありがたいことです。

「なんて自分はツイているんだろう」「こんなにありがたいことはない」そんな気持ちがアクセルとなって、次の資格試験へ挑戦する意欲をかき立ててくれたのでした。

と同時に、「53歳にもなってスゴイですね」という友人、知人、周囲の人からのほめ言葉も、大いに気持ちの励みになりました。

「よし、それなら少なくとも30の資格に挑戦し、試験の現場に強いコンサルタントとして売り出してみよう」

そういう思いにまで昇華させることができたのです。

実は、ほめ言葉ほど、人を奮《ふる》い立たせるものはありません。

私はいま、いくつか持っている自分のテーマについての執筆を主な仕事としていますが、いつも原稿について「こんなのでいいのかな」という、かすかな疑念も持ちながら、依頼者（編集者）に渡しています。つまり、実生活では、それなりに心のブレーキを抱くこともあるのですが、いつもそれを払拭《ふっしょく》してくださるのが、依頼者のねぎらいの言葉です。

「面白いですよ。心配することは何もありません。とくに××××のくだりは、言いえて妙ですね」

これでホッとし、次の原稿への意欲が再び湧いてきます。

もっとも、人生と同じく、いつもこう都合よく話が進むとはかぎりません。ときには、先のような台詞に続いて「ただ、×××の辺りがですね、少し方向がズレているかもしれないな、と思わないでもありません。そこで、こうしたらどうでしょう……」と……。

実は、「ただ」以下が、依頼者が私に伝えたいホンネなのですが、それにしても枕の言葉があるからこそ、その意見も素直に受け止められる、というものです。

このように、ほめ言葉には、コミュニケーションを円滑にさせ、人を奮い立たせる効果が隠されています。

自己肯定感と能力開花は比例する

深夜の繁華街をパトロールしながら、多くの若者の悩みにふれ、若者の非行防止と再生に携《たずさ》わっている〝夜回り先生〟がいます。そう、水谷修《みずたにおさむ》氏のことです。先生のことは、多くの方がご存じだと思います。その水谷先生が、子どもたちを救うのは「ほめる

勉強でも人生でも
大いに言うべき言葉、言ってはいけない言葉

言うべき言葉

積極思考
ポジティブ思考
楽天思考

ありがとう。おかげさまで。ツイています。
おめでとう。すごいなあ。大丈夫だ。
必ず勝てる。信じられる。きっとうまくいく。
いい天気だね。最高だね。

言ってはいけない言葉

消極思考
ネガティブ思考
厭世思考

私は頭が悪い。年だから……。
不安だ。ツイてない。私なんか。
だから言ったじゃない。
今日も雨でうんざりだ。最低だよ。

こと。ほめて自信をもたせることだ」と断言しています。

ある会の基調報告で、先生はこう言っています。

「今、自己肯定感、自分に自信をもっている子どもが少ない。講演で、『ほめられた数と、しかられた数とどっちが多い』と聞くと、ほめられた数の多い子は、1000人に対して10人もいない。先人は『子どもは十ほめて一しかれ』と言いました。ほめる中で人間関係をつくり、自己肯定感を持たせながらていねいに子育てや教育をしていく。今は逆で、攻撃的で否定的な教育が家庭でも学校でもなされている。子どもたちは受けた優しさ、愛、与えられた希望や夢が大きいほど、非行や犯罪に走らないのです」

それほどほめることは大切なのです。どういう場面でも、その真理は生きています。

勉強について、頭のよし悪しについて、ほめられた経験が多い人ほど、勉強には自信を持ちながら育つものです。

では、あいにく、その逆の環境で育った場合は、どうすればいいのでしょう。

私がおすすめしたいのは、今からでも遅くはありません、「自分で自分をほめよう」ということです。かつて「自分で自分をほめたい」と言って流行語にもなった、オリンピックの女子マラソンで連続してメダルに輝いた有森裕子《ありもりゆうこ》さんの言葉には、実は多くの教訓が含まれています。

誰でも、自分をほめれば、自己肯定感を持つことができます。そうすれば、自分の中によい自己像が生まれてくるのです。

人生で、ツイている人、成功している人は、みな自分に対してよいイメージをもっています。言い換えれば、「自分は能力がある」と考える人が成功するのは、自信を持って物ごとに取り組むからです。自信をもてば、積極的に行動することができます。

反対に「自分は能力が低い」と考えれば、何をするにも自信がなくなり、不安感情が起こってきます。すると、行動も消極的になってしまいます。

このことは、人生全般にいえることなのですが、勉強についても例外ではありません。いや、むしろ、勉強の場合は、結果が数字や、合格・不合格という目に見える形で示されますから、なおさらなのです。

さて、あなたはどちらの道をとりますか。

イチローは生まれながらに天才だったのか

それでもなお、あなたは自分に自信をもつことなどできない、というのなら、**次の事実に注意を向けてみてください。**

イチロー選手は、大リーグで二度も首位打者に輝いた実績を持ち、万人が認める〝ヒーロー〟です。どんなに野球やスポーツに疎《うと》くても、その名を知らない人はいないでしょう。でも、彼には最初からいまの位置が約束されていたのでしょうか。そんなことはありません。彼が日本のプロ野球に入るとき、ドラフトで何位に指名されたか知っていますか。

なんと、**4位！** ですよ。

イチロー選手でさえそうだということは、最初から野球の天才として生まれてくる人はいない、ということです。**野球の天才として「生まれてくる」のではなく、正しい自己像を描いて、野球の天才に「なる」**のです。

同じことは、勉強の世界でもいえます。最初から、頭がよく「生まれてくる」人はわずかです。正しい自己像を描いて、頭がよく「なる」人のほうが圧倒的に多いのです。

アインシュタイン、湯川秀樹《ゆかわひでき》、エジソン……後世に名を残す、知の世界の偉人たちです。でも、この人たちは学校の成績がサンザンだったり、成績のよい科目と悪い科目の差が大きかったりしていたのです。

アインシュタインの幼年時代は、ふつうの子どもに比べて成長が遅く、親を心配させたほどだといいます。

知能検査をやって知能指数を割り出したら、完全に100以下だったでしょう。

そして、ドイツでの学生時代は、一貫して劣等生でした。

湯川秀樹は、暗記科目は大の苦手で、物理に進んだのは暗記しなくてもいいからだったそうです。**エジソン**は、小学校に入った頃、成績も悪いうえによく問題を起こす厄介者《やっかいもの》で、放校になったほど。一説には、人の名前が覚えられなかったともいいます。

そうとわかれば、私たち凡人も、大いに自信をもっていいではありませんか。

天才は、生まれながらに天才であるわけではありません。〝心のアクセル〟を大切にして、**「よい思い込み」と「よい自己像」をもち、自分に肯定感をもち続けて勉強すれば、最終的に「頭がいい人」になる**ことは、まちがいありません。

この章では、3ヵ月といった短期間で試験に合格するために必要な、勉強への基本姿勢について述べてきました。

「具体的なテクニック」を花開かせる「豊かな土壌」＝基本姿勢がいかに大切かということを、この章の最後にもう一度強調し、次の章からはいよいよ、具体的なテクニックをご紹介していきたいと思います。

この章の確認ポイント

◆〝心のアクセル〟をもつ人は早く試験に受かり、〝心のブレーキ〟から抜け出せない人は、合格まで時間がかかってしまいます。

◆「頭のよさ」や勉強の出来・不出来には、心の問題が大きくかかわっています。

◆あなたの勉強ぎらいには〝犯人〟がいます。それは親や先生による勉強の強制である場合が多いものです。

◆最初から頭がよく「生まれてくる」人はわずかしかいません。後で頭がよく「なる」人のほうが圧倒的に多いのです。アインシュタインもエジソンも、最初は劣等生でした。

◆フロイトの〈快楽原則〉に従い、勉強に楽しさを見つけ出せば、あなたは「頭がいい人」に変身できます。それには〝自分をほめること〟が何より大切です。

◆自分をほめれば自己肯定感が生まれ、よい自己像が生まれてきます。その結果、勉強にも積極的に取り組むようになり、成果がおもしろいように上がります。

第3章

「3ヵ月合格」を実現する「勉強の技術」

私の体験的ノウハウ公開

さていよいよ、実際の具体的な勉強のコツについて解説します。

第2章では、勉強の技術の効果を満開させるための〝土壌〟について記しましたが、これは、私たちの気持ちの持ち方、〝マインド・リフティング〟がどんなに大切かを述べたものです。

この光り輝く方針のもとで、では実際にどんなノウハウを駆使していくか。いわば具体的な戦術こそが、もっとも重要です。以下、本題に入っていきます。

合格する勉強法1　目次勉強法こそ〝魔法の世界〟を開くトビラだ

誰にでも実行が可能で、何の努力もいらない。それでいて大いに合格に貢献する。——そんな勉強法を最初に紹介しましょう。

その勉強法とは——？　**目次勉強法**です。その手順は次の通りで、実に単純です。

まずは、テキストの目次を〝いの一番〟にコピーしてください。何ページにわたっていても、ページすべてをコピーします。そして、それをホチキスで留めます。

合格までの距離が100メートルあるとすると、このことだけで、あなたは50メートルは歩みを進めたことになります。

なぜ、目次をコピーすることくらいで、それほどの効用があるのでしょうか。

実は、コピーしてホチキス留めをしただけでは効用はありません。

次のような方法で利用したときに、初めて意義があるのです。

①**勉強を始めるときは毎日、内容に入る前に目次全体にさっと目を通す**ことです。その際は、後述する速読法を活用すると便利です。

②勉強を始めたら、**その目次を必ずテキストの側《そば》に置く**ことです。そうすれば、勉強の途中で、何の勉強をしているのかわからなくなったときなどに、参考にできます。

この二つの行為によって、あなたは絶えず、**「全体を意識しながら勉強する」**という、勉強するうえでもっとも大切な習慣が身につくのです。

勉強にかぎりませんが、物事を行うときは、目に見えるところからいきなり、やみくもに始めてはなりません。この物事は、(1)何を目的としているのか、(2)完了までどういうプロセスが必要なのか、(3)開始の時期はいつからがいいのか、(4)どんなふうに手をつけていくのか。それを把握してから動く人こそ、社会人偏差値の高い人といえます。

繰り返して強調しますが、これは①**全体像を把握**してから、そして②**絶えず全体像を意識**しながら、仕事を進めるということを意味しています。

目次をコピーし、それに目を通し、すぐそばに置きながら勉強を進める意味は、そのことにあるのです。

この意味をわかりやすく説明するために、ボクシングを例にとってみましょう。

強いチャンピオンは、相手をKOするために、パンチを顔面にばかりは集中させません。顔を打つとみせながら、その実、ボディを執拗《しつよう》に攻め続けます。

これが中盤以降になると、物を言ってくるのです。ボディ打ちでダメージを蓄積した相手は、徐々にスタミナや体力を失い、やがて顔面へのクリーンヒットで倒れてしまいます。

最後の決め技だけを見ると、顔面へのフックやストレートが強力なように思えますが、実はこの最終局面を、徐々に徐々に用意したのは、早い回からのボディ打ちです。

ボクシング好きの私なので、思わず説明が長くなってしまいましたが、目次勉強法は、このボディ打ちのようなものです。少しも派手ではありません。多くの場合、これがどう効いたのかは、判然としません。しかしその実、派手なKO劇を着々と準備したパンチこそ、このボディ攻撃なのです。

同じように、目次勉強法をしたからといって、どこで、どう点数が上がったかは、目には見えません。しかし、これを実行することによって、[1]理解が深まり、[2]そのため記憶の歩留《ぶど》まりもよくなり、結果として、試験の会場での高得点につながるのです。

合格する勉強法2
〝鳥の目法〟や〝老眼のポーズ〟からも学ぼう

まず全体像を把握するというこの考え方は、勉強法の達人にとっては、いわば常識ともいえるでしょう。その証拠に、かつて『「超」勉強法』（講談社）という大ベストセラーを出した野口悠紀雄《のぐちゆきお》氏（元東大教授、一橋大学名誉教授）は、その本の中で、「全体から理解する」ことを勉強法の第2原則としてあげ、こう解説しています。

「私が提唱したいのは、部分から全体を理解しようとするのでなく、全体をまず把握し、それに基づいて部分を理解しようとする方法だ。鳥が上空から地上を眺めるようにして、対象を理解しようという方法である」

「なぜ、この方法が効率的か。それは、上から見れば、よく見えるからである。**全体を把握していると、個々の部分がどのように関連しているかがわかる**」

そしてこれを〝**鳥の目法**〟と名づけています。

これに対し、かつて『「できる人」は地図思考』（日経BP社）で、斬新《ざんしん》な勉強法を世に問うた吉田《よしだ》たかよし氏（元ＮＨＫアナウンサー、医師、テレビ番組コメンテーター）は、**〝老眼のポーズ〟**という表現で、全体把握の必要性を主張しています。

つまり、老眼の人は近くが見えにくいため、字を読むときは眼から遠ざける仕草をしますが、老眼でない人も、それをやってほしいというのです。

すると、本でも資料でも、段落ごとにかたまりになって見えてきます。氏は、それを**紙面という大海原に浮かぶ「島」**になぞらえています。

そして次の過程では、その島々に**「問題提起の島」「具体例の島」「結論の島」**などと名前をつけると、文全体の構造が手に取るようにわかってくるといいます。

たしかに、すぐれた発想だと思います。

合格する勉強法3　〝サラブレッド学習法〟と〝ブル学習法〟をコンビで活用せよ

私の目次勉強法は、そうした全体から入るという理論を、実践の勉強の場で誰でもできる形で取り入れようという試みです。

そして、同じく全体把握のための勉強法として、私はサラブレッド学習法を唱えています。サラブレッド学習法は、それだけで完結するものではないのですが、**「高島式3回転学習法」**の1回目として位置づけています。

これらのことを、次に紹介しましょう。

学習方法には、二つのパターンがあります。「サラブレッド学習法」と「ブル学習法」です。**サラブレッド学習法とは、スピード重視の方法であり、ブル学習法とは反復重視の方法**です。

あまり聞きなれない**サラブレッド学習法**とは、どんなものなのでしょう。私が名づけたものですが、ひとことで言えば、テキストでも資料でも、速く速く、スピード本位で目を通す読み方のことです。名前の由来は、あたかも競馬レースの競走馬のように、先へ先へ進むことを旨として行う勉強法だからです。

この勉強法は、本格勉強（2回目勉強）の前段階（1回目勉強）として、さきほど述べた全体把握のために行います。ですから、多少わからなかったりしても、全然かまわないのです。**おおよそ、どういうことなのか**を知ればよいのですから。

一方、**ブル学習法**のブルとは、英語で雄牛のことです。つまり、牛型の学習法のことで、これも私が名づけました。

ブル学習法は、サラブレッド学習を終えたあとの、2回目の学習です。ここでは、ていねいに内容を理解しながら、逐一《ちくいち》勉強していきます。そして、**重要項目や、将来記憶しなければならない項目には、しっかりとマーク（下線や傍線）を施します。**

ただし、内容をじっくりと理解することが主目的で、無理に覚えたり記憶することに意を用いる必要はありません。

なぜなら、記憶については、3回目の学習で本格的に行うからです。

ブル学習法のもう一つの特徴は、ある程度内容が飲み込めたら、区切りのいいページでいったん進行を停止することです。そうして、**ある程度前のページに戻って復習**をします。

復習が終わったら、さきの停止地点にもう一度立ち返り、進行します。

こんなふうにして、行きつ戻りつしながら、徐々に進行していく勉強法のスタイルです。

これは、あたかも、牛が一度胃袋に入れた食べ物を口の中に呼び戻し、もう一度咀《そ》嚼《しゃく》する反芻《はんすう》行為と似ています。一見すると時間がかかりそうですが、〝記憶の歩留まり〟がいいので、最終的に終えたときの対時間比効果は、悪くありません。

これは、科学的にいっても当然のことです。19世紀末の**ドイツの心理学者エビングハウスの実験によると、人間の記憶の35パーセントは1時間後に失われ、1日たつと68パーセントを忘れてしまう**という結果が報告されています。

ですから、学習を一本調子で進めるのではなく、ある時点で、前に戻って復習するこ

“鳥の目法”で勉強計画の全体像をつかんでおこう

インプット学習に3分の2の時間を使う

サラブレッド学習法（テキスト1回目）	ブル学習法（テキスト2回目）	記銘学習（テキスト3回目）

ミニテストを織り込む（以下同じ）

アウトプット学習に3分の1の時間を使う

過去問演習	予想問題演習	過去問に戻る

暗記カード利用学習

合格　昇進

忘却と復習の効果

エビングハウスの忘却曲線

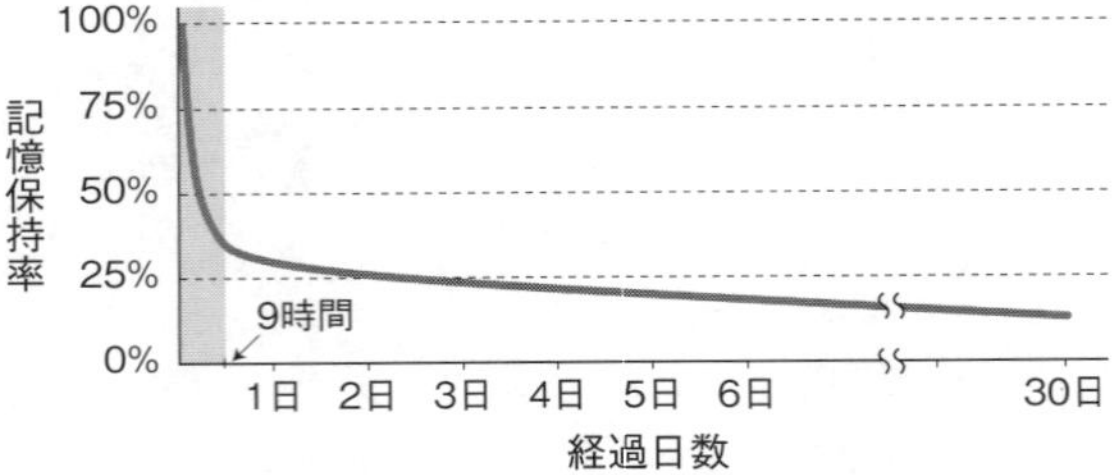

復習の効果（T・ブザン1986年ほかより）

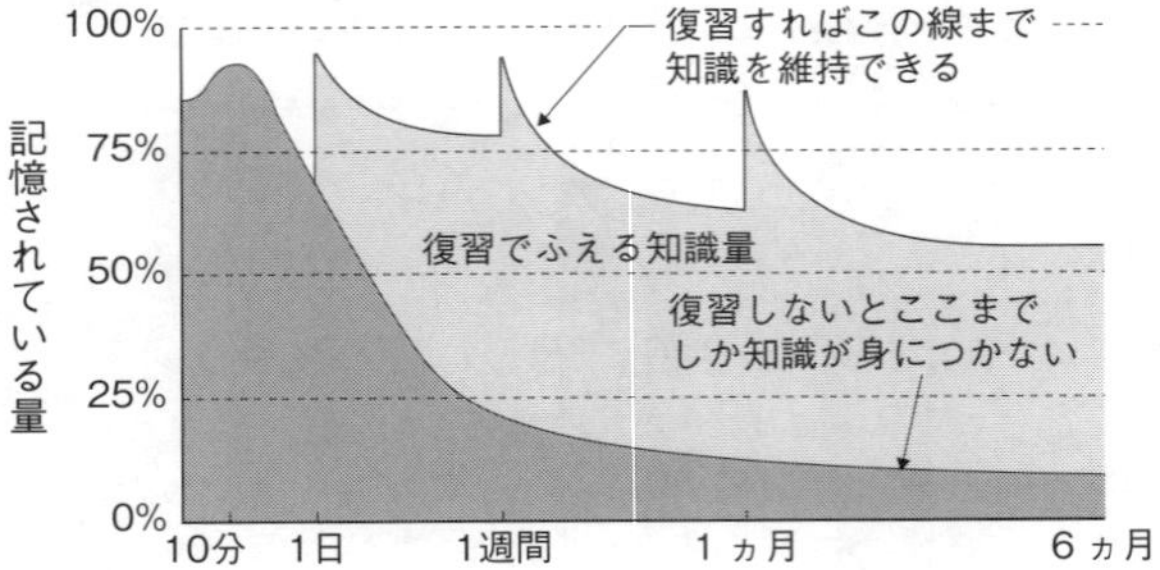

復習のタイミングの一例

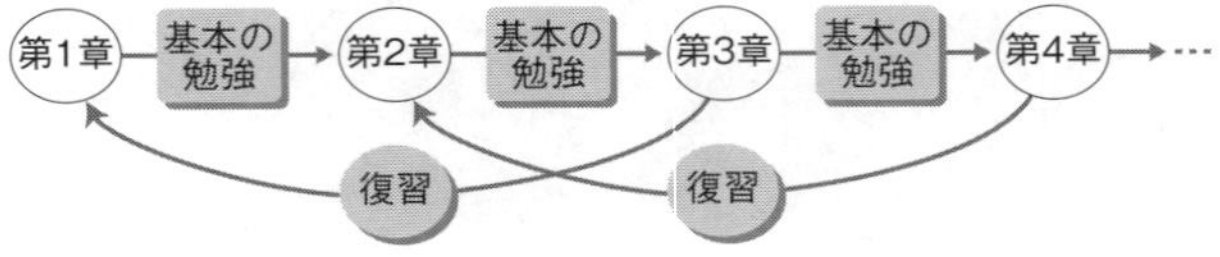

とが大切なのです。

さて、3回目の学習ですが、ここでは重要項目を覚え込む、つまり記銘《きめい》がメインの仕事なので**記銘学習**と呼びます。記銘するポイントは、2回目の段階で、「要記憶」としてマークが施されたところです。

マークのないところは、読んではいけません。ムダな時間を取られてしまうからです。そもそも2回目のマークは、そのためのものなのですから。

さて、1回目の「サラブレッド学習法」から始まり、2回目の「ブル学習法」を経て、3回目の「記銘学習」までで3回転です。この過程は、勉強する内容を脳に入れるという意味で**〈インプット学習〉**といいます。

合格する勉強法4　答案練習に全体の3分の1をあてよ

「サラブレッド学習法」と「ブル学習法」は、組み合わせて採用するべき勉強法です。

この二つに、試験対策の最終段階である記憶のための勉強（記銘）を組み合わせた3点セットが、私の「3回転学習法」です。

ここで、参考書の問題に言及しておきましょう。

参考書は、詳しすぎないほうが向いています。というのは、詳しすぎると3回読む

これが「高島式3回転学習法」

サラブレッド学習法（1回目）

特徴　疑問があっても「立ち止まらず」に、はじめから終わりまで、とにかく「速く」読み通す。

目的　全体像の把握

- ▶ だいたいどんな内容か？
- ▶ むずかしいのかやさしいのか？
- ▶ 自分の実力よりも上か下か？
- ▶ 全体はどんな構成か？
- ▶ それぞれの知識の結びつきは？

↓

ブル学習法（2回目）

特徴　「じっくり」と読み込む。区切りのところで前に戻って復習する。

目的　内容の徹底理解

- ▶ 理解するためにじっくり読み込む
- ▶ 理解できないところは調べる
- ▶ 同時に、要点やポイントにマーキングする
- ▶ 暗記すべき項目はカードに書き出すかICレコーダーやテープに録音する

↓

記銘学習（3回目）

特徴　マークした重要項目を覚え込む。

目的　知識の最終インプット

- ▶ すでに作成したカードに書かれていることを記憶する
- ▶ カード未完成の場合はテキストのマークした箇所のみを再読する

のにそれだけたくさんの時間がかかってしまい、時間のムダになりますから。

この3通りの読み方を完了したら、いよいよ問題集にあたります。この過程を**〈アウトプット学習〉**といいます。

なぜなら、いったん脳の中（イン）に格納した知識を、こんどは脳から取り出し、外側（アウト）に記録する作業だからです。

時間の配分は、参考書を3回読む〈インプット〉に3分の2をあて、問題集の答案練習、つまり〈アウトプット〉に3分の1をあてるという配分が標準といってよいでしょう。

このすべての過程をつつがなく完了できたら、試験はまず合格するといって差しつかえありません。中程度のレベルの試験なら、この本のタイトルどおり、3ヵ月で合格します。

合格する勉強法5　朝型中心の勉強に切り換えよ

次に、極めて大切な**時間の使い方**を考えてみましょう。

「大人の勉強」を始めようという人は、多くは仕事を持つビジネスパーソンです。またビジネスパーソンでなくても自営業であったり、何かやるべきことを持っている人でしよう。そういう人にとって、どうやって勉強の時間を作り出すかということは、深刻な問題です。〝細切《こまぎ》れ時間の活用〟や、通勤などの電車内での時間を活用することは、いわば常識のようなもの。ただ、これだけではなかなか解決しないのが実情です。

ところが、最も有効にして、決め手となる解決策、しかもちょっとした習慣の変更だけでできる解決策があるのです。

ズバリ言えば、思い切って生活すべてを朝型に切り換えてしまうことです。これは予想以上の効果があります。

もちろん、合否が決まるまでには、勉強の仕方そのものについての細かいノウハウや要領もありますから、朝型へ切り換えるだけで百パーセント合格するとまでは言いません。しかし、少なくとも勉強時間の問題は、これで9割以上は解決してしまいます。となると、合格へ一歩も二歩も近づけたということです。

事実、ある著名な簿記・会計講座の講師の方は、産業能率大学の講師室で一緒になったとき、私にこう言いました。

「私は税理士、公認会計士試験の講師としてこれまで数多くの受験生と接してきましたがね、**社会人の場合、合格者は圧倒的に〝早朝勉強組〟が多いですよ。これは、不思議なほどです。**ある一流企業のサラリーマンも、簿記の知識がまったくなかったのに、早朝勉強で簿記検定1級を経て、公認会計士に、あっという間に合格してしまいました。

だから私は、受講生に、口をすっぱくして朝型勉強をすすめているんです。ま、自分自身も朝型で、教科書の執筆などはいつも早朝にやっています」

この方針には、私も、大賛成です。何よりも**私自身が、生活を朝型にシフトすることによって、人生の大いなるプラスを勝ち取りました。**その体験は、拙著『朝30分サラリーマンの人生成功術』（三笠書房）、『「朝30分」を変えなさい』（KKベストセラーズ）に詳しく書きましたので、ここでは省きます。

合格する勉強法6　〝夜のインベーダー〟から逃れる法

では、なぜ、朝型勉強がいいのでしょう。第一の理由は、社会人にとって朝の時間ほど安定した時間はないからです。

これまでは、勉強というと、夜の退社後の時間をあてていた人が多いのですが、これは極めて非能率的な時間の使い方です。なぜなら、夜の時間にはあまりにも妨害物が多すぎるからです。

私は、それを〝インベーダー〟と呼んでいますが、夜の時間には、次のようにたくさ

資格別・朝何時間勉強すると合格できるか

〈法務分野〉

※色が濃いほど難易度が高くなる

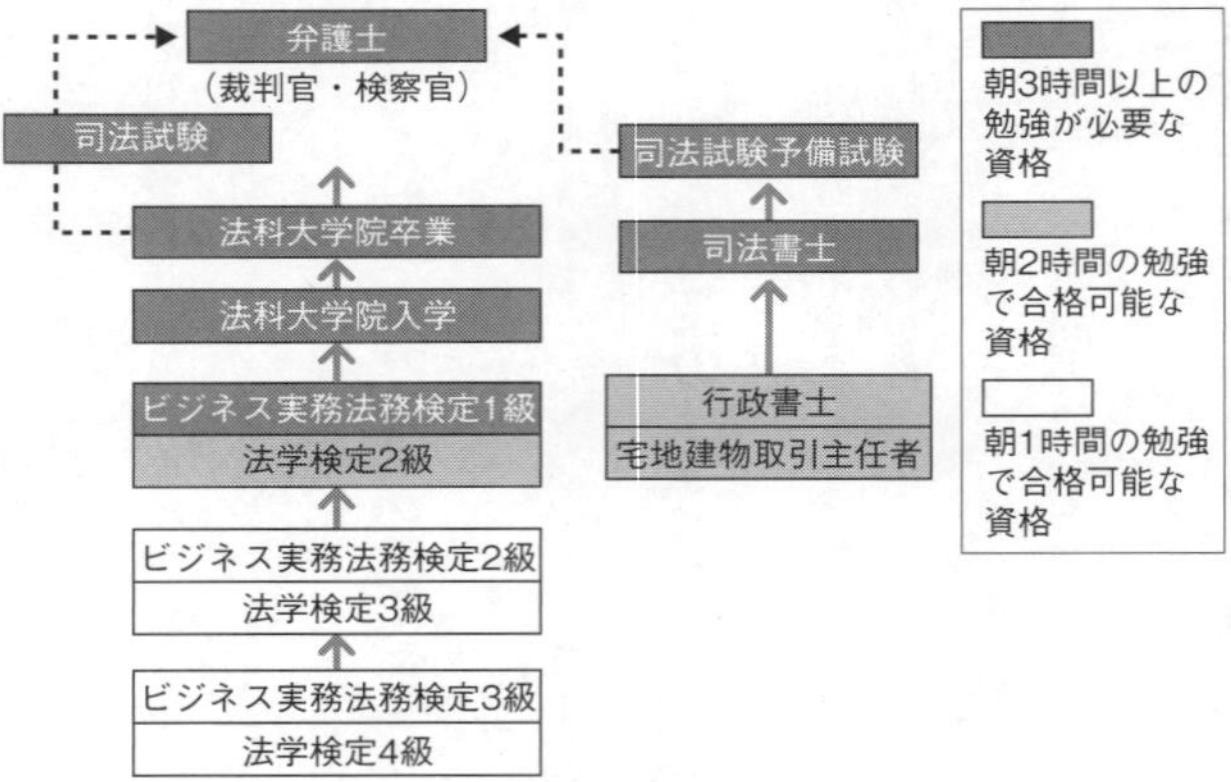

〈会計・税務分野〉

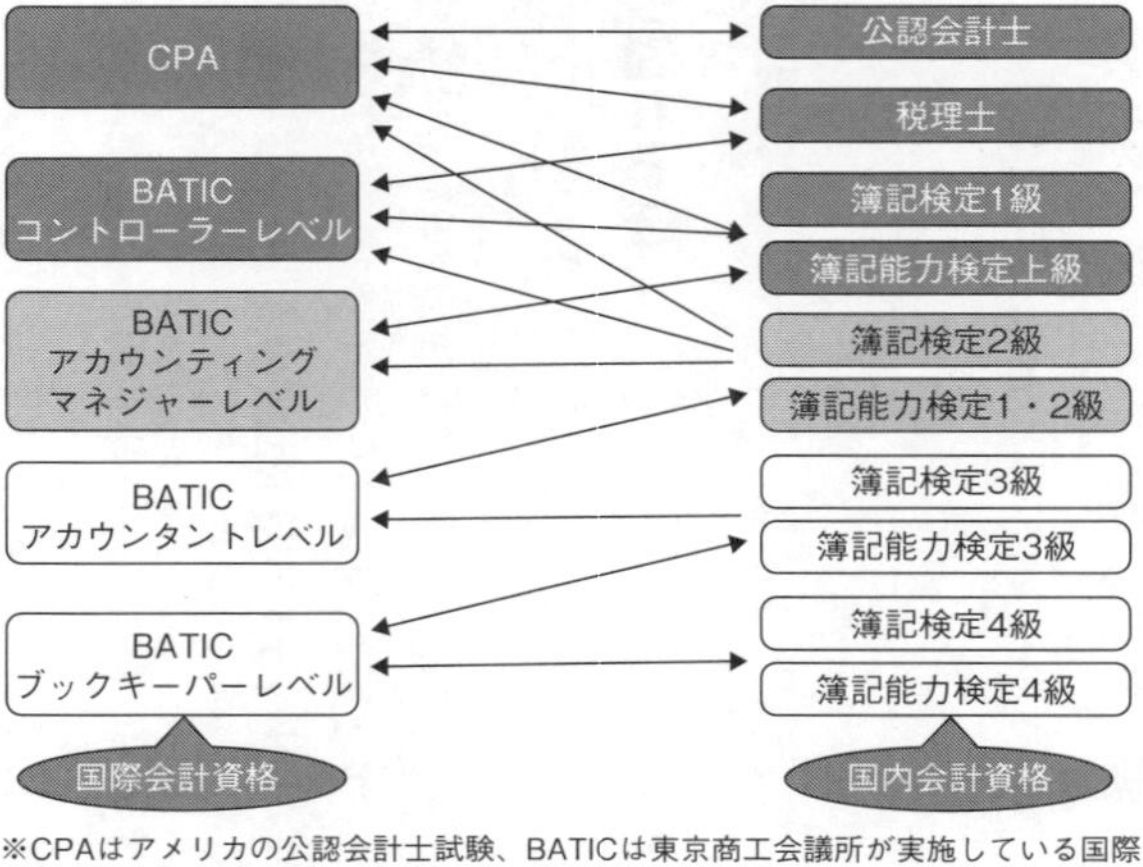

※CPAはアメリカの公認会計士試験、BATICは東京商工会議所が実施している国際会計検定試験のこと。

んのインベーダーが棲息《せいそく》しています。

〔1〕残業という名のインベーダー

〝9時〜17時〟といった所定の労働時間は、あくまでも規定にすぎません。企業活動には、つねに柔軟性が求められますから、退社時刻もまちまちです。最近は、景気の立ち直りもあって、残業時間はふえています。

〔2〕〝ナイト・ビジネス〟という名のインベーダー

「接待」という名の〝ナイト・ビジネス〟は、会社員にとっては宿命のようなものでしょう。たしかに、勉強にとってはインベーダーですが、さればといって、受・発注にともなう潤滑油にもなるものですから、拒否し続けるのは難しいものです。

〔3〕社内交際（別の名は〝ノミュニケーション〟）という名のインベーダー

取引先とだけではありません。同僚や部下からの「ちょっと一杯」の誘い、上司からの「つきあえよ」の一言。こういう夜のつきあいは、あえて言えば仕事のうちです。自分の気持ちの中にも、半分期待している面がありますから、拒否することはできないでしょう。

〔4〕家族との時間という名のインベーダー

ストレスの強い社会の中で、家族との語らいは、疲れた心を癒《いや》し、翌日への活力を養ってくれます。ある意味で最も貴重な時間ですが、視点を変えて勉強という面からみれば、自由な時間を妨げる一要素であるともいえます。

〔5〕夜のメールや電話という名のインベーダー

友人からのメールや電話は、彼らも仕事を終えたころ、すなわち夜に集中するものです。日によって件数や長さは違いますが、ちょうど各種の会合の打ち合わせが重なったり、ときには相談事で数時間に及んだりする場合もあることでしょう。

こうして、夜の時間は、さまざまなインベーダーに阻まれ尽くされ、結局勉強にまわす時間は、二の次になってしまいます。

一方、朝時間を考えてみましょう。朝時間には、不思議なほど、実にきれいさっぱり、こうした妨害がありません。ですから、予定した時間に予定したスケジュールを着実にこなせるのです。社会人の方に朝型勉強をおすすめする、最も強い理由がこれです。

合格する勉強法7　朝時間の効き目は、「初頭効果」にあり

朝の時間が、インベーダーのいない、利用のしがいがある時間であることはわかりました。しかし、朝型学習のよさは、それだけでしょうか。

そうではありません。機能面からみても、**朝の時間には夜にない効用があるの**です。

それは、何でしょう。ズバリ言って、**「初頭効果」**です。

いきなり「初頭効果」といっても、おわかりにならないかもしれません。学習心理学で使う専門用語の一つですが、次のような意味です。

「勉強にしても読書にしても、始めたばかりに覚えたことや読んだことが、最も記憶に残りやすい」（一般に「冒頭効果」や「初出効果」という言葉も使われていますが、同じ意味です）

教師が、授業のはじめに何から教えようかと考え込むのも、作家が、書き出しの部分に気を使うのも、この「初頭効果」をいかに高めるかに心を砕くからです。

そういえば、私たちは、文学作品の名作などは、書き出しを言えと言われれば言えるほど、覚えているものです。作家が心を砕いたせいでもありますが、初めの一文なので、覚えやすいということがあるのです。

朝に、こうした「初頭効果」が得られるのは、朝という時間は、頭の中が空っぽな状態になっているからです。

書道家は、たいてい白い紙に文字をしたためます。それは、白地ほど墨がきれいに映えるからでしょう。朝の記憶も、それと同じです。いわば真っ白の脳の中に、知識が入っていくのですから、記憶中枢も受け入れやすいわけです。

朝を制するものは、大人の試験をも制する……。そういってもオーバーではありません。

合格する勉強法8 早朝基本学習を軸に、一日2〜3回の復習をする

では、朝型勉強は、どのようにしてやっていけばよいのでしょうか。私がすすめるポイントは、次のとおりです。

①〈早朝基本学習〉プラス〈土曜一日復習〉

この循環を、基本的な学習スタイルとするとよいでしょう。ここでの一つのポイントは、日曜日など、週1日は勉強をしない日をつくることです。こういうと、「日曜日こそもっとも勉強の刈り入れ時なのに、なぜムザムザ捨てるのか」という反論をいただきそうです。

しかし、勉強というのは長丁場です。この本のタイトルにしましたが、3ヵ月くらいはかかるのです。3ヵ月を休みなしに走ると、息切れがします。すると、形としては勉強をしていても、その実、効果はあがりません。ですから、週に1日は仕事も勉強も休

んで、脳や体の組織の再活性化をはかるのが合理的＝効率的なのです。「日曜は勉強しない」という方針を実行し、大成功した方の一例は、いま有名一流私大の法科大学院で教鞭《きょうべん》をとっておられるS教授です。Sさんは若い頃、大手航空会社に勤務し法務部に異動になったのをきっかけに、司法試験にチャレンジしました。ビジネスパーソンを続けながら3年でみごと合格しましたが、「日曜日は休息や家族との交流にあて、勉強は一切しませんでしたよ。そのほうが効率的なんです」と断言されています。

②〈早朝基本学習〉の開始時刻

これは人によってまちまちです。午前4時から6時までの間で、あなたの状況に合わせて自由に設計すればよいでしょう。勉強時間は試験の難易度によって変わってきます。1時間から3時間をわりあてますが、資格試験の場合は、「合格する勉強法6」で図に示したように、ランクに応じて注ぐ時間が変わります。

③早朝基本学習の内容に、一日2〜3回の復習時間をつけ加える

まず1回目の復習は、朝の通勤電車内で行います。2回目は、昼食時間やその他のすき間時間（細切れ時間）で行います。3回目は帰宅の電車内で行います。

このうち、朝の通勤電車内での復習だけは、必ず行ってください。

④勉強法は、先に述べた〈高島式3回転学習法〉を基本とする

勉強効率が上がる一日の学習の流れ

ウイークデーの学習の流れ

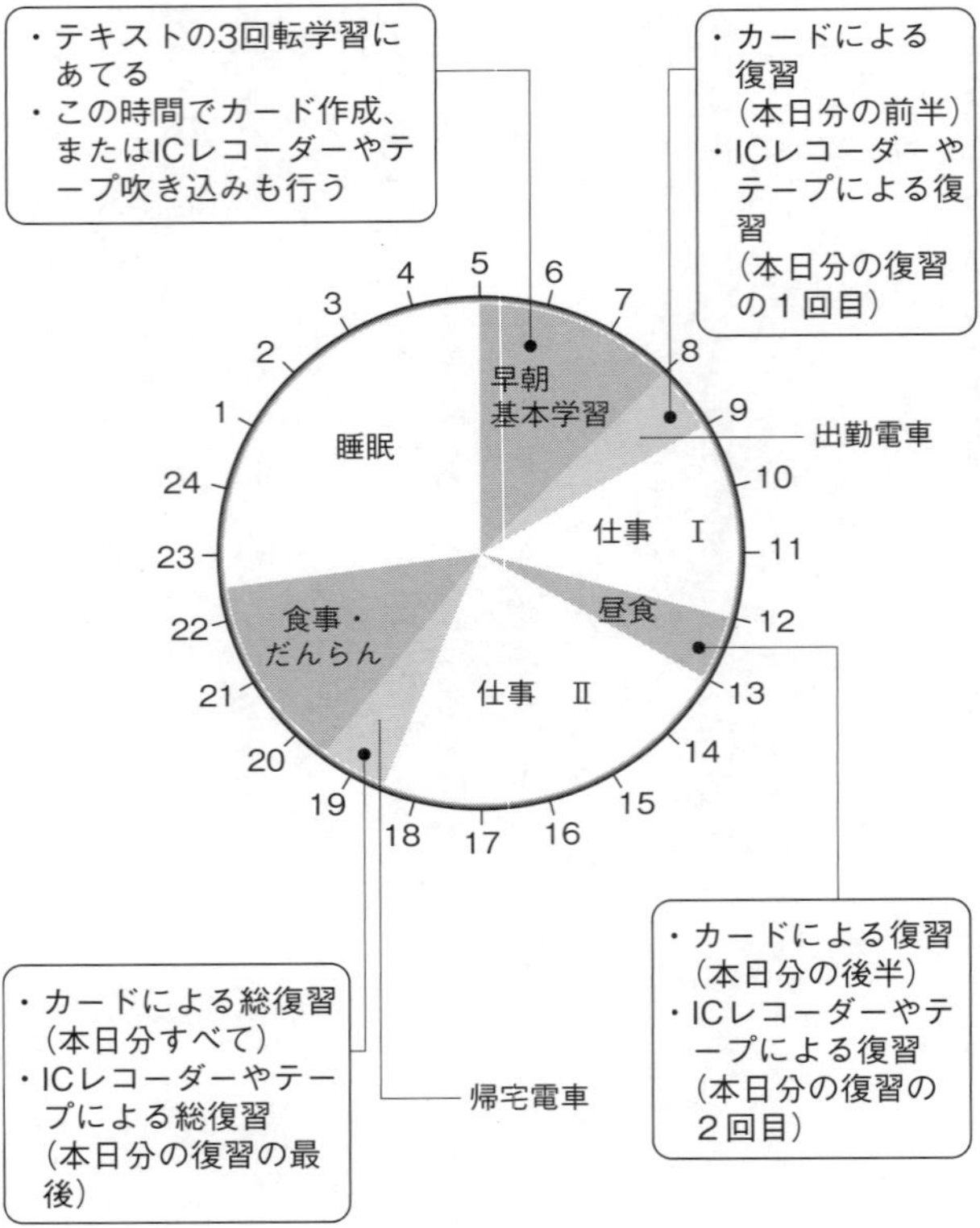

⑤カード（またはICレコーダー）を復習や最終インプットの基本ツールとして活用する

高島式では、ノートは使いません（これについても、後でくわしく述べます）。

⑥通勤電車内学習は、自分の通勤時間に合わせて、それにマッチした独自の学習プランを立てる

その方法は、図に記したとおりです。

合格する勉強法9　時間の特質を生かした活用法がカギ

時間は、人間に等しく与えられているものです（時間の平等性）。とはいえ、時間が生み出す価値は、決して同一ではありません。活用の仕方の上手下手で、パフォーマンス（産出高）はまるで違ってきます。

時間は、利用できる長さ（単位）によって、大時間、中時間、小時間に分けられます。時間活用法の第一は、こうした時間の特質にあわせた使い方をすることです。

まず、それぞれの内容をみてみましょう。

- **「大時間」は、一日を丸ごと好きなように使える時間（週末や祝日など）です。**
- **「中時間」は、一日の中で2～3時間の比較的まとまった時間をさします。**

通勤時間に合わせた学習プランの立て方（例）

Aプラン　**駅まで徒歩10分＋電車45分＋徒歩5分の人の場合**

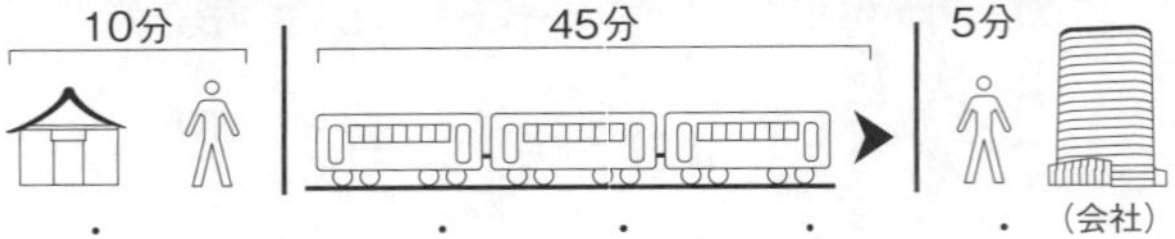

・この5分で仕事モードに切り換える

・余りの3分間は乗り降りなどで消費する

・45分÷7分≒6枚となるので6枚のカードを用意

・カード1枚7分で復習する習慣をつける

・玄関を出る前に復習カードにさらっと目を通す

Bプラン　**徒歩なし、電車で40分の人の場合**

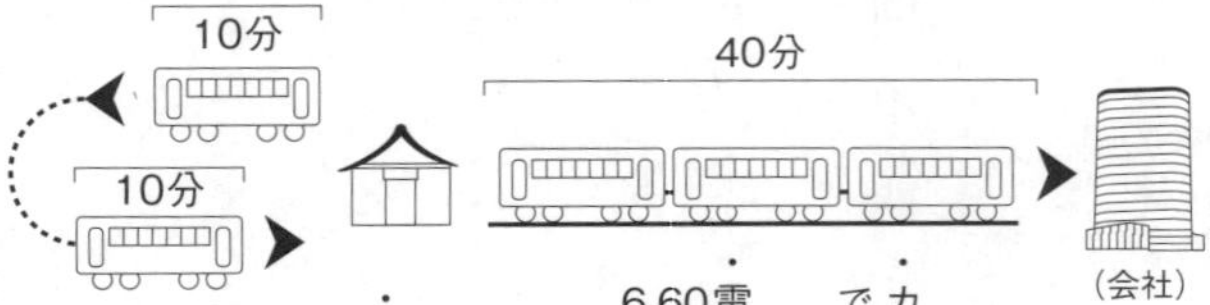

・カード1枚10分のペースでゆっくり復習できる

・電車内時間は切りよく60分になるのでカード6枚を用意

・始発駅で折り返すと往復20分が追加される

・始発駅までわざと10分戻って座席を確保する

先ほど述べた、平日の早朝の時間がこれにあたります（どうしても夜型という方は、帰宅してから就寝までの時間です）。

毎日の積み重ねという意味では、最も効果が上がる中核になる大切な時間です。

●「小時間」は、細切れの時間のことで、その気になれば、いたるところにあるものです。

たとえば、電車が来るのを待つ時間／電車・バス・飛行機内の時間／休憩時間／食事や食後の時間／家事の合間の時間／銀行での待ち時間／トイレの中／風呂の中などがそれです。

数えあげれば、まだまだたくさんあるでしょう。

大人の勉強にとっては、この細切れ時間が意外に重要です。資格などの取得に成功している人は、たいていこの小時間を上手に活用しています。

では、この3種類の時間は、どのように使い分けるべきでしょうか。

合格する勉強法10　大時間には、大時間にしかできないことをする

●しっかり机の前に座り、作業するのに一定の時間が必要な学習にあてます。

具体的には、**カードを作ったり、ICレコーダーに録音したり**します。その中身

は、中時間の間に目を通し、重要であるとしてピックアップし、マーカーで印をつけた部分です。そこを抜き出して、カード化するわけです。

●この時間はまた、**計算問題を解いたり、記述式の問題をやってみる**のにも適しています。

これらは、電車の中などではできない学習ですから、大時間にやるのに向いているのです。

●**過去に出題された問題集を、本番と同じ時間を使って解く**のにも、大時間が適しています。時間を計って問題を解き、採点をし、まちがったところをチェックします。これには、半日はかかるでしょう。ですから大時間を使わないと、とても無理です。

●**腰を据えてテキストを読む**のもいいでしょう。中でも、声を出して読むことをおすすめします。これは記憶定着に大いに効果があります。

●**同時に、ICレコーダーなどに重要ポイントを録音**し、通勤時間などの小時間にヘッドホンで聴いてみるのがよいでしょう。自分の声には、誰しも親和感を持つので集中力が高まることがわかっています。

合格する勉強法11 中時間は理解を中心にし、重要ポイントにマークをせよ

●中時間は先に述べた3回転学習法のうちの2回目、**ブル学習法にあてる**のが、全体的にみて、いちばんバランスのとれた活用法となります。
●理由は、1回目のサラブレッド学習法（速読による全体把握）と、3回目の記銘学習法は、通勤電車のような小時間でも行うことができるからです。
●その点、ブル学習法では、**じっくり読み込んで「理解」する**わけですから、おちついた環境が必要です。
　中時間か大時間ということになりますが、大時間は大時間ではないとできないものを優先しますので、結果としては中時間をブル学習法にあてる時間活用法が、最適でしょう。
●ブル学習法では、**テキストを読みながらマーキングをします**。場合によって、ここでカード作成をしてもかまいません。

合格する勉強法12　小時間は、カードとＩＣレコーダーで反復記憶

●通勤電車は、大人の勉強のための書斎のようなものです。あなた専用の〝スタディルーム〟と言い換えてもいいでしょう。
電車の中には、ＩＣレコーダーとカードを持ち込みます。もっともＩＣレコーダー

は、電車の中にかぎらず、家を出たときから歩きながら聴き続けてください。

●ＩＣレコーダーを利用する場合は、**自分の声で吹き込んだものがベスト**です。人は誰でも、自分に対しては〝快適な感情〟を持っています。ですから、同じくＩＣレコーダーで学習するにしても、自分の声に対しては、ノリがいいのです。また、吹き込むときにも記憶できるので、いっそう効果的です。

●市販テキストや学校の講義内容を録音したもの、ラジオの講座を録音したものなどもありますが、やむを得ない場合にだけ、これらを使うようにし、基本的には自分で吹き込むことをおすすめします。

●電車の中では、ノート類は使いにくいものです。ノートではなく、カードを活用することをおすすめします。学生時代の勉強ならともかく、**大人の勉強には、ノートは向いていません。**

それなのに、ノートを利用する人が多いのも現実ですが、少なくとも「３ヵ月合格」という超スピード合格を目指すのには、ノートは向いていません。

●むしろ、自製のカードを常にポケットに入れておいて、いつでも取り出せるようにします。**カードなら、ちょっとした待ち時間、電車の待ち時間や、歩きながら、そして通勤途中でも利用できる**からです。

カード作りの3原則

高島式では内容によって暗記カードを分けて作る。数字関連のみを抜き出した〝数字カード〟、要点のみを書き出した〝重点カード〟、自分の間違い箇所のみを書き出した〝弱点カード〟。サイズはB7判を。カード1枚分には10行程度、7〜10分で暗記できる分量で！

数字カード

重要な数字関連のみに
絞って書き出していく

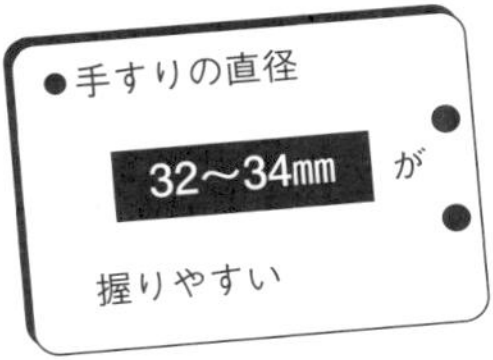

重点カード

言葉だけでなく、意味や
理由もわかるように

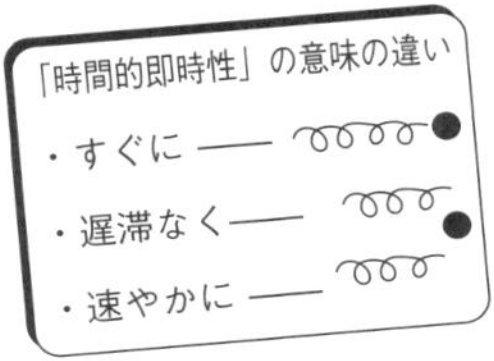

弱点カード

何度も間違える箇所
は何度も復習する

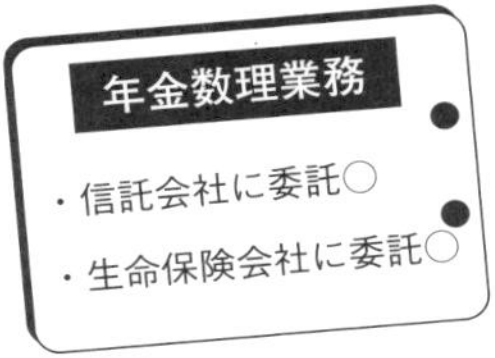

●カードはスタンダードな単語カード（短冊状《たんざく》のもの）、多く書き込みできる情報カード（大きさも各種あり）、またあとでバインダーに綴《と》じ込めるタイプのものなど、各種市販されています。

人の好みにもよりますが、私が、**断然おすすめしているのは、ポケットに入るB7判**（91ミリ×128ミリ＝週刊誌の4分の1ほどの大きさ）のものです。満員電車の中でも、このくらいのスペースなら何とか確保できるからです。

●昼休みの休憩時間は、**公園のベンチ**などでテキストやカードで学習します。

●また**トイレ**は、ひとりきりになれる貴重な場所です。外部の雑音をシャットアウトし、短い時間で暗記するにはもってこいの場所ともいえるでしょう。

そのためにも、カードはいつもポケットに携帯したいものです（ただし自宅以外では、長時間占拠して他人のトイレ利用を妨害しないように）。

●**風呂の中では、ＩＣレコーダーを聴く**のもいいでしょう。また、**カード学習もできます。**

ラジオ講座で、他の用事でリアルタイムで聴けなかったものは、録音したものを風呂に持ち込み、のんびりとリラックスしながら聴くという方法もあります。

●**寝る前の1～5分間に、ＩＣレコーダーを聴く**のも効果的です。疲れ果てて本を読

通勤電車を有効活用する4原則

●各駅停車は勉強に向く

電車を学習空間にするには、ある程度まとまった時間が欲しいもの。各駅停車なら、時間もゆっくりとれて、おまけに急行ほどの混雑もないはず。座れる可能性だって増す

●奥へ奥へ進もう

ドア付近だと乗車、下車の人波にのみこまれ、そのたびに中断されてしまうことに……。座れずに立つ場合でも、なるべく奥のスペースを確保して邪魔の入らない空間を探そう

●テキストは破って使え！

その日の分量や勉強したい項目ごとにテキストをバラして持ち歩く。かさばらず、目標設定もはっきりするのでモチベーションが保てる。テキストを自在に使いこなそう！

●カバンは肩掛けがよい

立ったまま勉強、という場合も多い電車のなかでは、両手はあけておくのがベター。外側にポケットがついているものなら、カードやICレコーダーもさっと取り出せるので一石二鳥

毎日乗る通勤電車は、勉強のためにあるといっても過言ではない宝石のような空間だ。時間もほぼ一定なので、分量のダンドリも立てやすく、じつに計画的な学習スペースになる。今日はここまでと、ノルマを決めてこなせば、集中力も格段にアップする

むのがつらいときでも、ICレコーダーの音なら聴けるでしょう。そのまま聴き続けて眠ってもかまいません。

ただし、その際のポイントは、朝起きて一番に、その部分を復習することです。寝ている間は、頭が白地になっていますから、この朝一番の復習は相当に効果的です。

合格する勉強法13 〝速読達人〟には誰でもなれる！ そのカギは？

勉強に「速読」の技術を取り入れると、効率があがり、時間のコスト・パフォーマンスがよくなります。ある意味で、**大人の勉強には欠かせない技術**といえるでしょう。

そこで、いくつかのポイントを紹介しますが、その前に一つだけ大きな前提条件を示しておかなければなりません。それは、「速読術」のマスター自体にたくさんの時間や大きな費用をかけることは、避けるべきだということです。

速読法には、いろいろな流儀がありますが、よく目につく右脳っぽい速読術は、その多くが効果のハッキリしないものばかりです。それらに対し、私は『人生が変わる「朝5分」速読勉強法』（講談社+α文庫）を著し、その中で厳しい批判を書きました。

そして、この本は著名な演劇人である鴻上尚史《こうかみしょうじ》さんから、『週刊現代』誌上で「まったく賛成」という言葉をいただきました。ここからみると、右脳式を中心とする一部の速読術に疑念を抱いている人は、予想以上に多いようです。

ですので、私は「眼球運動」や「ページめくり」にうつつを抜かす速読術とは、まるで反対の立場に立っていることをはっきりさせておきましょう。

もちろん、まっとうな速読術もあります。たとえば、『王様の速読術』（ダイヤモンド社）や『世界一わかりやすい「速読」の教科書』（三笠書房）などのベストセラーで知られる斉藤英治《さいとうえいじ》氏や、筑波大学副学長だった佐藤泰正《さとうやすまさ》氏などの速読術は、いっさい奇をてらわず、「理解ができていてこそ本当の速読」という原則を大切にした、信頼のおけるものです。

では、本題に入りますが、**まっとうに本を読むスピードを上げる**にはどうすればよいでしょうか。それは、**実に簡単なことです。**

「本を速く読もうと思うこと」――。この一事です。

「なあんだ、そんなことか」という方もいるかもしれません。ではこう言い換えたらどうでしょう。「速読の意識化」「速読意識の徹底」「遅読みから速読への意識改革」。

まあ、あまり言葉の遊びをしても仕方がありませんが、事実、速読を意識するだけで、本の読み方は速くなります。これは、私自身も十二分に体験しています。

私は、もともと速読が得意なほうではありませんでしたが、この「速読の意識化」に

あなたの速読能力は？（佐藤式速読級）

佐藤式トレーニングの級

級	分速
1	2000 字
2	1800 字
3	1600 字
4	1400 字
5	1200 字
6	1000 字
7	900 字
8	800 字

級	分速
9	700 字
10	600 字
11	500 字
12	400 字
13	300 字
14	200 字
15	100 字
16	100 字未満

・佐藤泰正氏は元筑波大学副学長。日本読書学会元理事。
・級の判定は、まず1題200文字から250文字の短文を20題読み、読了までの時間を計る。
・次に、読んで理解したかどうか三択のテストで確かめる。その結果によって読書速度を修正する。
・詳しくは同氏著『速読トレーニング』（講談社ブルーバックス）をご参照ください。

よって、必要なときには相当速く読めるようになりました。

必要なときとは、

①ゆっくり読んでいる時間がないとき

②さして重要ではないが一応目を通しておいたほうがよい新聞・雑誌の記事

③原稿の材料を求めて各種の情報や資料を探索しているとき

などです。

とくに、①の締め切りが迫っているときの資料の探索などは、天才的な速さに変身します。まさに〝必要は発明の母〟であり、また〝火事場の馬鹿力〟なのです。

こういうときの私は、1分間に1000文字から1400文字を読みますから、ふだんとは比較できないほど、格段に速くなります。

そこでまず、何より先に、この平凡な真理を実行なさってみることをおすすめします。

合格する勉強法14 スキミングの技術の活用のしかた

もちろん、単なる意識の問題だけでなく、いろいろなテクニックも無視できません。

その点でいえば、速読術の代表的な技術は、スキミングとスキャニングです。

ご存じのように、このたびアメリカの駐日大使としてやってきたキャロライン・ケネディさんという美人大使の父親は、第35代のアメリカ大統領、ジョン・F・ケネディ氏（JFK）です。残念ながら氏は志なかばにして兇弾に倒れましたが、実はこの方が速読の名人で、使っていた技術はこのスキミングだったことは有名です。氏は、朝食前に数種類の新聞を読破し、食事をしながらその日の資料類から必要な事項をスキミングし、食後は未処理の書類に目を通して、おそろしい勢いで片づけていったそうです。

そのスキミング（Skimming）という技術ですが、これは、スキム（Skim）という動詞から派生した言葉です。「（スープなどの）表面に浮いた上澄みをすくい取る」「（つばめなどが水面を）すれすれに飛んでいく……」というのが元の意味。転じて、「本をサッと拾い読みする」というふうに使われます。

日本語でいえば、**「抜き読み」「拾い読み」「飛ばし読み」「抜かし読み」「斜め読み」**などの言い方もあります。

方法は、**対象のすべての行に、いちおうサッと「つばめが水面すれすれに飛ぶように」軽く眼を通しながら、おいしそうな「表面に浮いた上澄み」だけを、頭の中に入れていく。**つまり、自分にとって重要なところだけをすくい上げて読む方法です。

ほとんどの速読の技法は、基本的にはこのスキミングに帰ってくる、といえるほど、

訓練不要——誰にでもできるスキミング法

（網かけ）は文章中の〝おいしい〟部分。
ツバメが〝おいしい〟部分だけをついばむように、
「つまみ食い」していくのがスキミング法
（矢印のついたライン上に目線を動かすように読む）

キャリア・アップは「朝30分」から

勉強をするなら「朝30分」から始める。そして、一日の勉強の80％は、朝の20％の時間でまかなってしまう。

これが、勉強の鉄則です。

難関資格を取った人、いや難関とまではいかなくても、それなりの難しさがあり、社会的にも存在が認知された資格を取った人の80％は、朝の早起き勉強法で、勝利の美酒を飲んでいます。

ところで、なぜ早起きしてまで、勉強をしなければならないのでしょうか。その目的意識をはっきりさせておくことは、勉強に挫折しないためにも必要です。

答えをひと言でいえば、あなたのキャリア・アップを図るためといっていいでしょう。

キャリアとは、もともとは履歴、経歴、生涯の行路という意味。そこから長い期間を費やして身につけた専門知識、さらには職業および職業能力という意味に転じた言葉です。

（出典『「朝30分」を変えなさい』高島徹治著　KKベストセラーズ刊）

基本的な技術です。小説類が速く読めるのも、水面をかすめとるように読みながら、登場人物の行為だけを頭の短期記憶に残していくからです。この際、不必要なディテールは、どんどん捨て去られていきます。

この方法は、ぜひ試してみてください。かなり、字を読むスピードが速くなりますよ。ただその際、事前に、先に述べた「速読の意識化」をしておく必要があることは、いうまでもありません。

合格する勉強法15 スキャニング技術の活用のしかた

速読術のもう一つの代表的なスキルは、スキャニングです。

スキャニング（Scanning）とは、スキャン（Scan）という動詞から派生した言葉。「（何かを求めて）細かく調べる」「目をこらして見る」というのが元々の意味です。

この技法を、日本語にすると、**「求め読み」「探し読み」**ということになります。先に述べたスキミングの「拾い読み」「抜き読み」は、対象とする印刷物に何が書いてあるかは、事前にはわかりません。ただ、水面（紙面）をかすめて見るだけで、脳や心の琴線《きんせん》にふれるものを拾いあげるのです。ある意味では、受け身の読み方です。

他方、こちらのスキャニングは能動的な読み方であり、働きかける読み方といってもよいでしょう。つまり、読み手が何を読みたいのかが、あらかじめ決まっているのです。

たとえば、**電話帳をめくって、人の名前を探すときがこれ**です。また、時刻表をみて、東海道新幹線「のぞみ」の発車時刻をすべて探し出す、などというのもこれにあたります。「求め読み」「探し読み」というのもわかりますね。

人の名前や時刻をスキャニングするなら、脳の働きに高度なものは必要ありません。そこで、アイ・スイング、眼球の運動速度という単純な機能が、速読の「速さ」の決め手になるかもしれません。

しかし、以上の速読だけなら、スキャニングといっても大して利用範囲は広くないのですが、スキャニングには上級編があります。「探す」ものが単純な語だけではなく、**ある内容やテーマを予測して、それを「求め読み」「探し読み」する**場合です。

たとえば、日本の格差社会化についての解説や論考を求めて、雑誌や単行本のページを繰る。これもスキャニングです。

この場合の速読のコツは、まず目次で選別することです。さらには、索引があればそれを活用します。

そして、その後の勝負は関連事項がどれだけ自分の頭に入っているかです。紙面の上を飛ばし読みしながら、**臭いところ（関連っぽい箇所）**にきたら、**ぱっと目の動きを止めることが必要**です。

これに**成功するのには、関連事項についての知識や理解力などが必要です。**

つまり、一般常識や基礎理解力、知的基盤（インテレクチュアル・ファンダメンタルズ）がないと、このスキャニングはうまくいかないのです。

その意味で、速読能力をあげるためには、一面で知的能力も高める必要があるのです。

合格する勉強法16 キーワードを連結して、速読してしまう技術

次の方法は、キーワードを拾いだし、これを連結して、内容全体を理解するという技法です。いわば、「キーワード連結法」ともいえましょう。

キーワード（鍵となる重要な用語）とは、書かれた文の中で、その文や段落の意味を表すのに重要な位置を占める言葉のことです。速読するためには、文中からいち早くこのキーワードを探し出し、それをつなぎ合わせればよいことになります。

まず、キーワードの拾い方ですが、**日本語の場合、漢字がキーワードになることが多いので、漢字だけを拾い読みしていく方法があります。**

キーワード連結法で読書時間が半分になる

試してみよう

キーワードになる言葉は「漢字、カタカナ、固有名詞、動詞」である。下の文章からそれらをピックアップしたのが　　　　の中である。

まず、文章全体を駆け足で理解しながら読んでほしい。この文は全部で500字前後ある。日本人の平均なら約50秒～1分かかる。

次に　　　　の中だけを読むと何秒かかるか計ってみよう。

素早い人だと30秒かからないで、内容をほぼ理解できる。


アイデアは、天から突如、舞い降りてくるといわれる。これは、半分は当たっているが、半分は正しくない。

天才的なSF作家のアイザック・アシモフは、友人から「どうやってアイデアを出すのか」と聞かれて「決まっているさ。考えて考えて、窓から飛び出すほど考えた末に思いつくのさ」と答えたそうだ。

リンゴが落ちるのを見て万有引力の法則を発見したニュートンもひらめきの人といわれている。しかし、この偉人も「どうやって」という問いに、こう答えているのだ。「考えて考えて、考え抜いて……」と。

このように、アイデアを生むには考える作業が必要だが、不思議なことに考えている最中には、アイデアはなかなか訪れてくれない。アイデアが生まれるためには、どうやらいったんアイデアの孵化器（インキュベーター）に入れることが必要のようだ。

アイデアは、右脳で突然浮かぶように思われているが、実はその前から左脳で論理的に考えるうちに右脳でひらめく。その時期は、脳が新しい刺激で汚される前の、ピュアな状態にある朝が最適なのだ。


拙著『朝90分。で稼ぐ人の仕事と生活成功ノート』（幻冬舎）

素朴な方法ですが、これは意外に効果があるようです。
というのは、筆者の耳に「自分もその方法をやっているが、けっこう効果的」という声がよく聞こえてくるからです。

その他、**キーワードになりやすいのは、カタカナ、数字、固有名詞**などです。

英語、日本語を問わず、一般論としては品詞による区分けが、広く知られています。内容語である**①名詞、②動詞、③述語となる場合の形容詞、副詞は、キーワードになりやすい**のです。反対に、機能語に分類される代名詞、助動詞、間投詞、前置詞は、ほとんどの場合、キーワードにはなりません。

これらも知っておいて、実際に速読する場合に使ってみるといいでしょう。

ところで、キーワード連結法がそれなりに難しいのは、キーワードの拾い方よりも、**拾った単語の結びつけ方**です。

これは、その分野についてのバックグラウンドになる知識がある程度ないと、言葉と言葉の関係が類推できません。スキャニングの項の末尾で、速読能力をあげるためには、一面で知的能力も高める必要がある、と書きましたが、このキーワード連結法でも同じことが言えるわけです。

合格する勉強法17　ブロック読みに挑戦しよう

「速く読む意識」が第一の出発点と先に述べましたが、**どんどん意識して速く読もうとすると、面白い現象が起きてきます。**

一行一行読むのが面倒になってきて、自然と2行、3行分を一緒に読もうとするようになるのです。速く読もうと思わなかったときには、信じられないことが起きてくるのです。

人間の中にある競争意識や自己発現欲求が頭をもたげてくるのかもしれませんが、もちろん速読にとっては、プラス効果があります。

数行分をいっしょに読むことを「ブロック読み」といいますが、**「速く読む意識」の第2段階としては、どんどん「ブロック読み」を進める**ことです。一度に眼の中に入れる範囲を、2行よりは3行、3行よりは4行と、漸増《ぜんぞう》していきましょう。

これにはもちろん、限界があり、世にはびこる右脳式速読が宣伝するような水準には、とてもいきません。そこまでは問題外ですが、着実な努力で挑戦できる範囲内で、自分の能力の拡大を図ってみることに臆病である必要はありません。

ただ、これだけは忘れないようにしたいものです。**速読能力を高めようとするの**

は、なにも速読術の上級者になるためではありません。勉強の効率化のために、速読を取り入れているだけです。この原点を忘れてはいけないでしょう。

合格する勉強法18　本単位の〝時間予算〟を設ければ速く読める

速く読む意識が、よい結果を生む……。この原理を少し発展させると、自分に**強制を加えることによって、速く読む意識を強化する**という方法が考えられます。

そのためには、一冊の本について、「これは××時間で読みおえる」「あれは、××時間にする」というふうに、読了する時間を割り当てるのがいい方法でしょう。いってみれば、**速読の目標設定**です。

人間とは不思議なもので、このように目標を定めて、結果を検証するしくみにすると、何とか工夫を凝らして目標を達成することが多いものです。

方法ですが、まずは、**一冊単位の時間予算を作ります。**その本の重要度、性質を判断して、Aは3時間、Bは1時間、Cは2時間半、Dは5時間というふうに定めます。

読んでいくうちに本全部を読みたくなっても、あらかじめ3時間と決まっていれば、その時間内でその本は必ず手放さなければなりません。

厳密な時間管理のもとで読んでいくのです。

また、予定した時間内で読み終えるためには、こんな方法があります。

まず、**読む前に目次を眺め、序文と結論を先に読み、必要な部分の見当をつけます。**そして、時間内にあげるにはどことどこだけを読むか、あらかじめ決めてから取りかかります。こうして少なくとも予定したページだけは読了するように、速読します。

この方法なら、ほんとうに驚くほどの速さで読むことができます。そして、面白いことにその経験自体があなたの速読能力をアップさせてくれるのです。

私などは、締め切りという現実の必要からこうした状況を強制されることが多いのですが、けっこうそのお蔭で速読能力は高まっています。

こんなにある速読法（右脳速読を除く）

斉藤英治氏は氏独自の「システム速読術」に、次の速読法をとり入れている

名　称	目　的	備　考
王様の速読法	毎日・毎週継続的に読書したいとき	専門書、ビジネス書など日常の読書
大王様の速読法	日常の読書をビジネスでの発想、創造、発信に活かしたいとき	一流ナレッジワーカーへの道
サクサクIT 速読法	求める情報に瞬時にアクセスしたいとき	慶應義塾大学・妹尾教授の21 世紀対応読書法を改良
ギネス３段ロケット法①	専門書（医学書、技術書、ビジネス書ほか）を攻略したいとき	「何が自分に必要か？」で情報を絞り込んでいく
ギネス３段ロケット法②	試験用の参考書を攻略したいとき	「何を試験官が求めているか？」で情報を絞り込んでいく
ギネスＨ型改良６段ロケット法	専門書を読み、発想、文書などアウトプットを得たいとき	ギネス３段ロケット法を改良
資格王式３回転学習法	資格試験、受験に合格したいとき	資格王の高島徹治氏が実践の速読法を改良
１週間で専門家式速読法	短期間で専門家になりたいとき	鈴木健二氏の専門書の攻略法
多読多作速読法	多分野の専門書を読み文章を書きたいとき	立花隆氏の多分野征服速読術を改良 書くための専門書速読法
書店立ち読み速読法	最新情報を毎日収集したいとき	書店での立ち読みで最新情報を得る

（出典：『10 倍読むのが速くなる速読のスキル』斉藤英治／あさ出版）※ アミは高島

合格する勉強法19

トリプルインプット（三重入力）は、記憶効果を2倍に高める

三重入力方式とは、参考書やテキストを、

①目で見ながら
②声を出して読み
③同時に耳で聴く

というやり方のことをいいます。

記憶法としては、後でも言及しますが、抜群に効果的な方法です。

このやり方だと、声を出さずに読む方法の2倍、3倍の記憶効果が期待できます。

そもそも、**記憶できるかどうかは、物事を頭にインプットするとき、どれだけの強さで行われたかに支配されます。**また、どういう感情とともにインプットされたかにもよります。

印象が強烈な出来事というのは、時間がたってもなかなか忘れられないのは、そのためです。また、人間の記憶は自分に快いことは忘れにくく、自分に不快なことは早く忘れるようにできています。

これらについては、すでに第2章で述べたように、フロイトが「感情や意図は記憶を

トリプルインプット（声出し記憶法）はなぜ脳に効くのか

音読するとき、あなたは1人3役になる

①目で見る②口で読む③耳で聴く
トリプルインプットで三重学習効果が生まれる

これこそ
王様の記憶術

創りだすうえで欠かせないものである」と指摘しているとおりです。

ですから、上記の三重入力なら、インパクトが倍以上に増幅され、記憶効果が抜群になります。

合格する勉強法20　マーキングの目安は、全体の10分の3ぐらいがいい

アンダーラインを引くこと、つまりマーキングをしないで勉強する人は、まずいないでしょうが、その意味をきちんととらえている人は少ないかもしれません。

マーキングは、アンダーラインを**引くことによって、「ここは覚えるぞ」と脳に言い聞かせる**のが、第一の役割です。

そして、マーキングの効用は、もう一つあります。2回目や3回目の復習などの時に、**マークした部分だけを拾い読みすることによって、時間を省く**ということです。

では、どういう箇所にマーキングすればよいのでしょう。人によっては、キーワードにのみマーキングする方法をすすめていますが、私の経験ではおすすめできません。

キーワードだけを拾い読みしても、中身を思い出せないことが多く、結局全体を読み返すことになり、マークした意味がなくなるからです。

ですから、**マーキングは、核心となるセンテンス（文章）について主語・述語が**

マーキング憲法7ヵ条

第1条

マーキングの分量は10分の3に抑えるべし

第2条

カラフルであるべし

第3条

マーカーを使うべし

第4条

勉強の初期は黄色で塗るべし

第5条

勉強が進んだらその上から濃い色で塗るべし

第6条

キーセンテンスに塗るべし

第7条

ただし語尾などは極力省略すべし

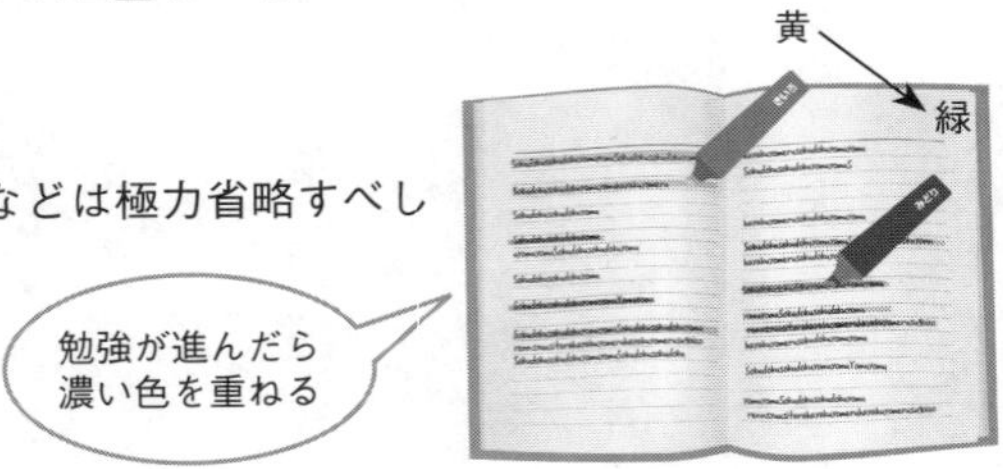

わかる程度に引くようにしたほうがよいのです。

必要なキーセンテンスにのみマーキングすると、およそ全体の10分の３くらい、多くて10分の４くらいになります。

反復学習するときは、このマーキングの部分のみを追っていけば、全体を読んだのと同じ効果を得られます。

合格する勉強法21　マーカーによる色分けで「体系図」を頭の中に作り上げる

知識は、大項目、小項目と、ちょうど木の枝のようになっています（後出の樹木図参照）。そこで、**本の見出しのうち、大項目についてはすべてレッド、中項目はグリーン、小項目がブルーと、項目のレベルに合わせて色分けをしていく**と、それがそのまま体系図として記憶されます。

知識はふつう左脳で記憶されますが、これだと同時に右脳でも記憶されることになります。右脳の場合は、視覚的イメージとして記憶され、左脳の１００万倍の働きが出るともいいます。

まさか、これはいくら何でも言いすぎですが、言葉などの左脳知識を、絵や音や色彩などの右脳イメージで補強していけば、よりたしかなものになっていくことはまちがいありません。大脳は、右半球と左半球が脳梁《のうりょう》という線維の束によって連絡していて、左脳と右脳は相補っているのです（その意味で、どちらかだけを極端に肥大化して強調するいわゆる〝右脳もの〟は、間違いですが……）。

これらの右脳式知覚は、カラー化することや、知識を図解することにより補強されます。

合格する勉強法22　過去問の利用法が勝負を分ける

過去の試験問題（以下「過去問」と略します）の勉強は、合格には絶対に欠かせません。グリコの広告で「1粒で2度おいしい」というのがありますが、過去問はこのキャラメル以上で、3度おいしいのです。

過去問は、次のように、三つの利用の仕方があります。

①受験準備を始める前に、まったくの自力で過去問をやってみます。そして自分に蓄えられている常識だけで、どの程度点が取れるか試してみるのです。

この時点で40点（10分の4）取れれば、その後3ヵ月間くらいの勉強で合格できる可能性がきわめて高いとみてよいでしょう。

②まったく歯が立たない場合でも、心配は無用です。そのまま勉強を進めてくださ

Illust: Yoshifumi Hasegawa
Design: Suzuki Seiichi Design Office

LETTER TO BREZHNEV
PASSENGER

試験との相性を判断する方法

いきなり過去問をやってみる

- 40%以上の正解率 → 合格可能性大
- 30%以上の正解率 → 合格可能性あり
- 20〜25%の正解率 → 濃度の濃い勉強が必要
- 20%未満の正解率 → 猛勉強で難関を克服しよう

い。そして、3回読む参考書の1回目を終えたところで、もう一度過去問をやってみます。

この時点で、もし40点取れるようなら、受験勉強終了時にはゆうに合格ラインに達するとみてよいでしょう。

③受験直前3〜5日前に、最近（前年）の過去問をやってみます。すると、自分がどの程度のレベルに達しているか、自己診断することができます。

ここで最新の問題を使うのは、同じ試験でも年数がたつと難易度や傾向が変わってくるからです。その点、前年の問題なら、いちばん本番に近いといえるでしょう。

ただし、一回やったことのある問題は、自己診断には役立ちません。そのため、最新の問題だけは、この日まで手をつけずにとっておきましょう。

合格する勉強法23 得点目標は、合格ラインプラス7点におく

試験に挑戦している人の中に必ずみられる、一つの性格的パターンがあります。それは、テキストや出題範囲を隅から隅まで理解し、完全に記憶してしまおうというタイプです。

ここではかりに、〝完全主義者〟といっておきます。こういっては申し訳ないのです

が、これらの方々は、実際の試験では不合格になることが多いものです。

なぜなのでしょう。

一つは、試験問題は、必ずしもテキストの範囲内からのみ出るとはかぎらないからです。そういう試験もありますが、そうでない試験も多いのです。

もう一つは、**テキストや出題範囲を隅から隅まで理解し、完全に記憶してしまおうとしても、そんなことは神ならぬ身でできるわけがない**からです。

したがって、この方々は、勉強の途中で挫折して焦燥感《しょうそうかん》に駆《か》られることが多くなります。あるいはそこまでいかなくとも、関心が細部にいってしまい、肝心の全体の体系を理解できなくなってしまいます。そこでちょっと視点を変えた問題に出合うと、パニックになってしまうのです。

そんなわけで、〝完全主義〟という習癖ほど、百害あって一利もないものはありません。

私は、**資格試験は、合格ラインすれすれで通ればよい**と考えています。なぜなら、実務を行うには、試験合格の知識だけではとても足りず、むしろ**ほんとうの勉強が必要なのは、資格取得後**だからです。

ですから、試験突破の目標は、満点ではなく、合格ラインにある程度の〝保険点〟を上乗せしたあたりに置くのがよいでしょう。そのほうが無理なく学習ができます。

なお、〝保険点〟とは、万一出題運が悪かった場合などに備える予備の点のことをいいます。

その〝保険点〟は、どの程度、みておけばよいのでしょうか。

一般的にいえば、それはプラス7点もあれば十分でしょう。そのくらいの余裕をみておけば、よほど運が悪い場合でも何とか合格ラインすれすれで、クリアできるものです。

合格する勉強法24 科目数の多い試験は、「皿回し方式」で行け

いまや、お若い方の中にはご存じない方もいらっしゃるかもしれませんが、日本には〝皿回し〟という伝統芸能があります。どんな芸かというと、棒の先に皿を乗せてくるくる回し、棒の数を徐々にふやしていって、何枚もの皿を回すのです。

皿は遠心力で回るのですが、遠心力は時間が経つにつれ衰えてきます。ですので、皿の回転がとまる前に、手で皿にもう一度回転をつけ、皿が落ちないようにしなければなりません。

こうして一人の芸人（演技者）が数え切れないような枚数の皿を回し続けるのです。

その見事さといったらありません。

長々と日本の伝統芸能の説明に紙幅を使ってしまいましたが、その理由は、ほかでもありません。このテクニックは私たちの勉強法に取り入れることができるからです。

つまり、試験には勉強する科目数の多いものがありますね。一部の国立大学の入試などはそうですし、資格試験では中小企業診断士、司法書士、社会保険労務士、総合旅行業務取扱管理者などがあります。これらは、一科目ずつやっていくと、次の科目、そのまた次の科目をやり終えたころ、前のを忘れてしまっています。そこで、そういうことのないよう、あまり間を置かずに、次の科目の途中で前の科目に戻り、次々と皿回し方式で並行的に進めていくのがよいわけです。

〝なぁんだ〟といってはいけません。この勉強法は、司法書士試験の受験指導で名を馳《は》せた竹下貴浩《たけしたたかひろ》氏が命名し、受験生にすすめ、多くの合格者を輩出した勉強法の一部なのです。

合格する勉強法25　どんな難しいことも「分割法」なら記憶できる

大変難しい用語や文章にぶつかった場合、とても記憶できそうもないと思うことがありませんか。たとえば瑕疵担保《かしたんぽ》責任という言葉などは、けっして覚えやすいものではないでしょう。

こういう場合は、①**まず「瑕疵」を何回も口に出して言い、覚えてしまう**、②**次に「担保」を覚える**、③**最後に「責任」を覚え、これらを総合して一つの言葉として記憶するようにする**。こうすれば思ったほど苦労することなく覚えられるものです。

こういう分割が必要な、難しい言葉の例をいくつか掲げておきましょう。実際にやってみてください。

〈例〉
自己負罪《ふざい》拒否の特権
非訟《ひしょう》事件手続法
伝統的建造物群保存地区
財産価額塡補《てんぽ》責任
類似必要的共同訴訟
小選挙区比例代表並立制

分割することの効用は、他の場合にもあります。

本をバラバラにして使う人が勝つ

効用

①持ち運びに便利

②頭の切り換えができる

③ともあれ、試験に受かる人はみんなやっている

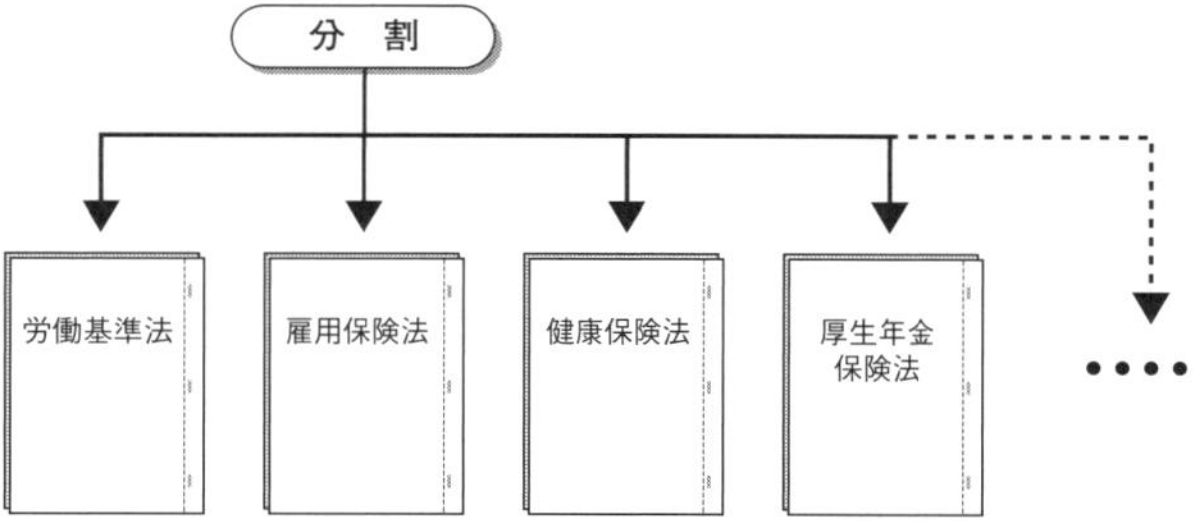

○ 法律ごととか、章ごととかに分ける

○ バラバラになる部分は、ホチキスでとめる

○ 表紙をつければオリジナル参考書のできあがり

たとえば、ある一つの科目をいくつかに分割して、一つひとつマスターしていく方法などもそれです。その場合は、そのブロックごとに参考書を裂いてマスターしていきます（図参照）。

参考書がもったいないという人がいますが、合格のためには絶対にこの方法がいいのです。私の参考書は、みなこの方式で、バラバラになっています。

合格する勉強法26 「暗記」は「記憶」の何十分の一の価値しかない

今度は、記憶のノウハウについて書いてみます。

『東大生が教える！ 超《スーパー》暗記術』（ダイヤモンド社）という本が、かつてベストセラーになったことがあります。では、「暗記」と「記憶」はどう違うのでしょうか。試験には、どちらが役立つのでしょうか。

一般にごちゃ混ぜに受け取られている「暗記」と「記憶」は、本来から言えば、まったく違うものです。その違いを整理しておくこと自体が、勉強にとっては必要な作業といえます。

まず、暗記ですが、これは記憶の中の一分野です。広辞苑を引いてみると、「そらでおぼえること」と出ています。

では、「そら」とは何でしょう。「そら」は「空」ですが、ほかに「根拠のないこと」「うそ」「無益なこと」などの悪い意味もあります。ただ、暗記の場合の「そら」は、そういう意味ではなく、「対象を見ないで」くらいの意味でしょう。

暗記のもっとも大きな特徴は、「丸暗記」「棒暗記」という言葉があることからもわかるように、「理解」を差しはさまないで、ただ対象を「そっくり覚え込む」ことです。

では、記憶とは何でしょう。記憶は、もっともっと大きな概念です。

スポーツの技も、ピアノの演奏も、小さいころの思い出も記憶の一種です。しかし、それらは試験で役立つ記憶とはあまり関係がないので、ここでは試験で問題になる「知識記憶」だけにしぼります。

すると、**暗記と、暗記以外の知識記憶との違いは、「意味」を「理解」するという行為が介在するかどうか、ということになります。**

暗記は、「そっくり覚える」のですから、あいだに理解が入りません。

一つ、問題を出してみましょう。

ここに「８３４２７９６４５９６３０１１」という数字があります。これをどのようにして覚えますか？

かりに暗記で覚えるとすると、15桁のこの数字を、逐一覚え込まなければなりません。「834279645963011」は、どこまで行っても「834279645963011」です。暗記では、なかなか覚えきることが難しいですね。

では、記憶ではどうでしょう。記憶の場合は、いろいろな方策を使うことができます。たとえば、意味を持たない数字に意味を持たせ、理解したうえで覚えます。**先の数字なら「闇夜に鳴く虫ご苦労さんわいい」というふうに転換して覚える**のです。すると、15桁もある数字もなんなく覚えきることができます。

もう一つ、横文字の例も紹介しておきましょう。「D・O・G・C・A・T」、さあこの6文字を記憶してください。何秒かかりましたか。

一文字一文字、「ディー・オー・ジー・シー・エー・ティー」と口に出して暗記すると、速くても10秒くらいはかかるでしょう。ところが、この文字の配列をみて「なあんだ、DOG（犬）とCAT（猫）じゃないか」と気づけば、1秒半眺めただけでも記憶できます。

つまり、**記憶対象に意味を持たせれば覚えやすい**ということにほかなりません。わかりやすい例を引きましたが、そんな具合に「理解」が介在するかどうかが、暗記とそれ以外の記憶との違う点です。したがって、どちらが大切かといえば、暗記ではなく、記憶なのです。

試験には、数字にもとづく問題も出されますから、その意味では暗記はまったく不必要とはいえません。でも、それはごくごく限られた範囲でのみです。それより何十倍も有効なのは、「理解」にもとづいて「記憶」していくことです。

なお、先述の本は、「暗記」という言葉をタイトルにしていますが、実は記憶についても相当ページを割《さ》いています。当然のことと思います。**私も記憶については、『図解人生が変わる「朝5分」超記憶勉強法』（講談社＋α文庫）という本を出しています**が、内容は記憶についてが大部分です。暗記についてはほんの少しだけ言及していま す。

まずは、**「記憶」と「暗記」は、大切さの比重がそれほど違う**と覚えておいてください。

これを逆転して位置づけると、試験の関係者の間でいわれる〝長期受験者〟（何回試験を受けても受からない人）の仲間入りをしてしまいます。

合格する勉強法27　すべての記憶の出発点は〈わかる〉こと

勉強のプロセスとしては記憶する前に絶対に必要なことが一つあります。それは、「わかる」＝「理解する」ということです。

一部の丸暗記を別とすれば、理解なくして、記憶できるものは一つとしてありません。なぜなら、意味のわからないものは、覚えたくても覚えようがないからです。

私は、意味を理解しないで記憶しようとする行為を、冷凍食品を解凍しないで食べる行為になぞらえています。冷凍食品を解凍しないで食べられますか。食べられません。勉強も同じです。**内容を理解しないで記憶するのは、言葉としては成立していても、現実にはあり得ないこと**なのです。あるとすれば、丸暗記するという行為になりますが、丸暗記は、一般に誤解されているほど簡単にできるものではありません。

よく、「若いうちは、丸暗記でもいいが」という言い方もされますが、いくら若くても、丸暗記できる項目などは、たかが知れたものです。

たとえば、「頭がいい人」の象徴的存在の東大生のうち、丸暗記勉強法で合格した人が何人いるでしょう。おそらく、1パーセントもいないでしょう。

東大合格者の多くは、理解力にすぐれているのです。理解すれば、ことさら記憶しようとしなくても「へー。そういうことなんだ」と、自然と頭の中に入ってしまうものです。

これは、資格試験でも何でも、およそ試験と名のつくものについては同じです。

では、「わかる」ためには、どうすればよいのでしょう。

まず一つは**「置き換え法（置換法）」**です。**難解な抽象語で語られている内容を、具体的なイメージに変換していきます。**こうすれば、どんなに難解ぶった言葉で語られていても怖くはありません。

この「へー」という驚きは、心理学では**「新奇効果」**といっています。この「新奇効果」を大いに利用しましょう。

合格する勉強法28　「置き換え」のための手法を活用せよ

さて、「置き換える」ための方法ですが、以下のようなものがあります（図参照）。

●方法1　たとえば、どういうことか言ってみる

抽象的な言葉で語られている場合には、「それって、たとえば何なの」と、つねに置き換えていきます。学校に通っている場合なら、講師に聞いてみるのもいいでしょう。

●方法2　身近に例がないかどうか考えてみる

かりに不動産の登記の話なら、自分が所有している物件の登記事項証明書を取って、それを見ながら、実例に置き換えて、理解していきます。

●方法3　ストーリーに転換してみる

不動産の所有権には「買い戻し特約」というややこしい事項があります。所有物件を

「わかる」ための置き換え法

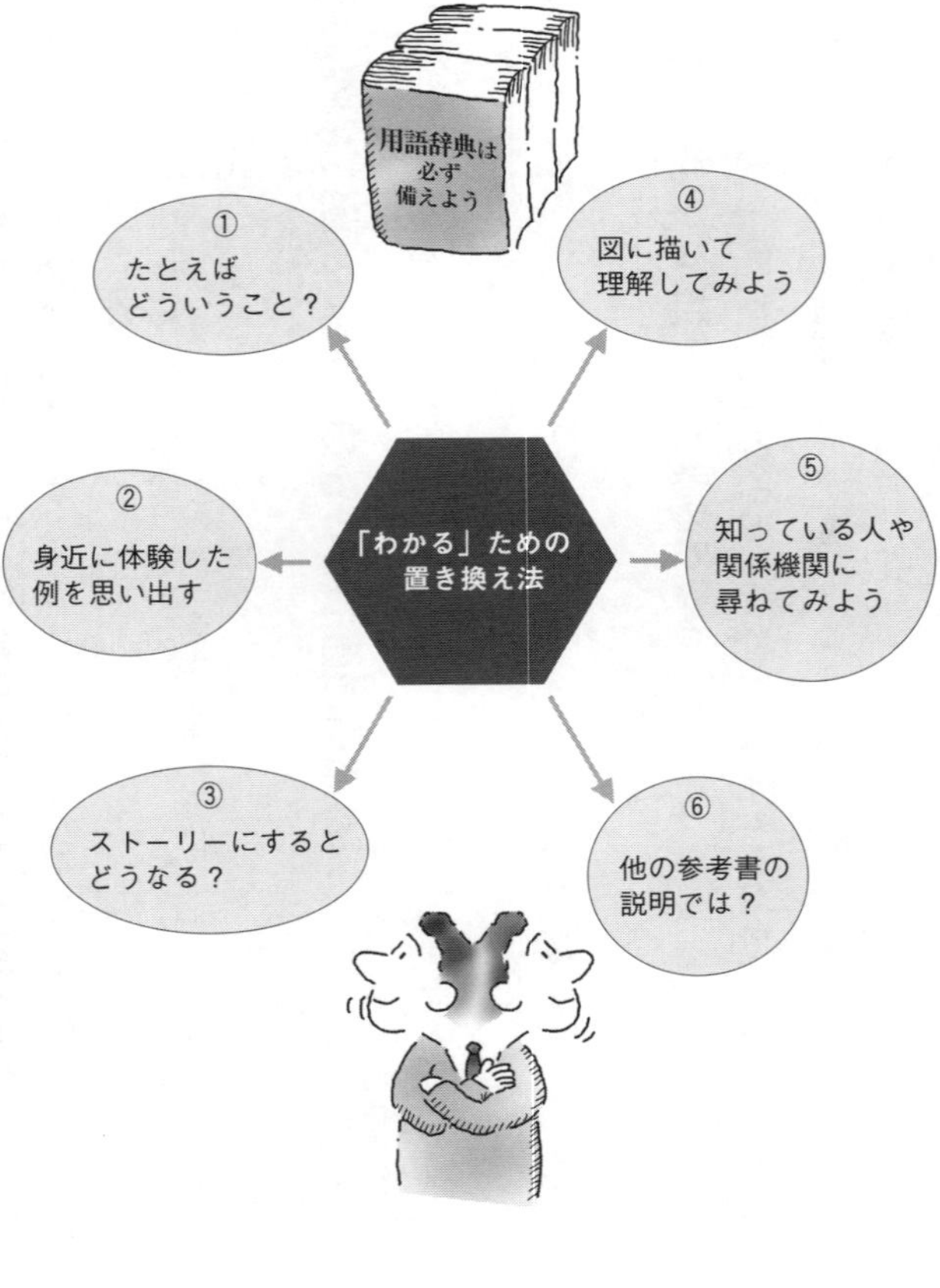
用語辞典は必ず備えよう
①
たとえば
どういうこと？
②
身近に体験した
例を思い出す
③
ストーリーにすると
どうなる？
「わかる」ための
置き換え法
④
図に描いて
理解してみよう
⑤
知っている人や
関係機関に
尋ねてみよう
⑥
他の参考書の
説明では？

売る際に、将来買い戻すことを特約として登記しておくということです。

そうしておくと、買い主が第三者に売っていても、それを無効にして売り主が所有権を再度手に入れることができる、という内容ですが、このややこしい規定を理解するには、マンガ仕立てのストーリーを作ってしまうのが手っとり早いでしょう。

たとえば、こんなふうです。お金に困ったAさんは、裕福な友人のBさんに「オレの自宅を買ってくれないか。しかし、5年後にはいま始めた事業が花開くので、必ず買い戻すから」と依頼し、話が成立したとします。ただ、口約束だけでは、人間の気持ちはいつ、どう変わるかわかりません。そこでその内容を契約書に定め、登記しておこうというものです。

●方法4　図解してみる

これは、文字を図に置き換えてみることです。たいていの場合は、図やイメージで理解するほうが「わかりやすく」なります。図解については後で詳しく述べます。

合格する勉強法29　誰でも簡単に利用できる「頭出し記憶法」

音楽のCDなどを聴くときは、誰でも頭出し機能を利用します。中には、最初の音を聞いただけで、何の曲かがわかるような〝イントロクイズ名人〟もいます。

でも、これって、音楽を聴くときだけの方法にしておくのは、もったいないものです。記憶の技術としても、十分に使えるのです。

脳の神経回路に格納された知識は、なんらかのきっかけがあって初めて引き出されてきます。そのきっかけには、いろいろなものがありますが、頭の言葉、イントロなどは最適なものです。

頭の言葉を引き出し、きっかけを与えれば、その後に続くものはいもづる式にずるずると、引き出されてきます。頭の文字さえ覚えておけば、全体を思い出すのは難しいことではありません。

たとえば、消費者問題には、七つの種類があります。

これを覚えるのに、**「シツ・カカ・リョウ・ヒョウ・コウ・ハン・カン」**と覚え込むのです。それぞれの内容は、シツ＝財・サービスの**質**の問題、カカ＝**価格**問題、リョウ＝計**量**問題、ヒョウ＝**表**示・包装問題、コウ＝**広**告・宣伝の問題、ハン＝**販**売方法・契約の問題、カン＝**環**境問題、です。

この言葉を覚えきっていれば、消費生活アドバイザー試験などで、「消費者問題の七つの種類を述べよ」というような問題が出されても、簡単に答えられます。

では、この呪文のような言葉は、どうやって覚えるのでしょうか。

頭出し記憶法なら5年は忘れない

「消費者問題の七つの種類を述べよ」

シツ	→	財・サービスの質
カカ	→	価格
リョウ	→	計量
ヒョウ	→	表示・包装
コウ	→	広告・宣伝
ハン	→	販売方法・契約
カン	→	環境

呪文のように50回以上唱えよう。
必ず声に出して唱えよう。忘れかけた頃、もう一度繰り返そう。

これは原始的な方法を取るしかありません。具体的に、逐一述べていきましょう。
まず、あなたは机を前に、椅子に居ずまいを正して目をつぶります。しかる後、おもむろにこの呪文、「シツ・カカ・リョウ・ヒョウ・コウ・ハン・カン」を繰り返し唱えます。

これを最低50回、繰り返すのです。

50回までの回数を計るために、1回ごとに右手の指を折り、10回になったら左手の指を1本折って10の位とします。

こうして回数を数えながら、〝知識の呪文〟を唱えていきます。しかも、意識を集中するためには、目をつぶってやるのがいいのです。その際、リズムをつけて唱えれば、最高です。

この呪文スタイルは、50回唱えるだけで、たいていの場合、脳の神経回路に刻み込まれてしまいます。あとは、忘れかけたころに、必ず復習をかけておけば、いざ本番の試験では絶大な威力を発揮してくれます。

論より証拠、私自身、この記憶法にはかなりお世話になり、数々の成果をあげています。

合格する勉強法30

「九九式記憶法」こそ応用自在で絶対無敵だ

この頭出し記憶法の基になっているのが、九九式記憶法です。試験などで、絶対覚えなければならない事柄は、九九と同じで何回も何回も口に出して言ってみる。それが、九九式記憶法です。

先の例のように、最低で50回、覚えにくい場合はおよそ100回。これだけ繰り返せば、たいていのことは覚えきることが可能です。

人間は、そもそもが〝忘れる葦《あし》〟です。先にも述べたドイツの心理学者**エビングハウスがみずから実験台になって試した**ところ、今日覚えた文字の綴《つづ》りが、**1時間後には35パーセント、24時間後には68パーセントも忘れていた**ことがわかりました。

この手ごわい脳の忘却現象に打ち勝つためには、こちらも根気よく忘却という名の〝敵〟を退治しなければなりません。それには、**単純にしてもっとも効果的な、この方法**が役立つのです。

私が数多くの資格試験を短期（主に3ヵ月）で突破するうえで、絶対に必要だった唯一無二の記憶法が、これでした。これがあったからこそ、怠け者の私でさえ、自分でも驚くほどの数の試験に合格できたのです。

資格試験で高島が使った〝九九式〟および〝頭出し〟の例

行政法 **「カキョメン」**
（命令的行政行為には下命（禁止）・許可・免除がある）

「トクハクニンダイ」
（形成的行政行為には特許・剝権・認可・代理がある）

行政不服審査法 **「イ・シン・サイ」**
（行政行為に対する不服申立の順序は
異議申立→審査請求→再審査請求の順で進む）

建物区分所有法（マンション法） **「セン・キョウ分離できず」**
（マンションの専有部分と共用部分は
分離して処分できない）

「セン・シキ規約次第」
（専有部分と敷地利用権なら規約で定めれば
分離処分ができる）

民法・時効 **「チチは20年間いなかった」**
（地役権と地上権の消滅時効は20年間）

暗号通信の3方式（初級シスアド試験） **「ヒキョウコウ」**
（秘密鍵暗号方式、共通鍵暗号方式、
公開鍵暗号方式）

労働者派遣法 **「港の県警」**
（派遣ができないのは港湾運送業務、建設業務、
警備業務である）

私が実際に使った「九九式」と「頭出し」の記憶法の例は、図をご参照ください。

合格する勉強法31　右脳の働きを全活用する「図解式記憶法」

記憶するためのもう一つの方法として、**図解したりマンガ化する**という方法があります。これが有効な理由は、左脳記憶を右脳記憶で補うからです。

勉強するとき、記憶の対象とするのは、意味記憶が多いものです。「意味」とは、共通現象を取り出してそれを言葉や概念として定義したり、さらにはそれを積み重ねてある筋立てや論理に組み上げるものです。

これは、学問の上での記憶の種類としては、**陳述的（宣言的）記憶**の中の一つとして分類されます。この言葉からもわかるように、これは左脳にある言語中枢によって支配されている内容です。

それだけに、たいていの人は、意味だけを対象にしていると、脳が疲れてしまいます。意味は、言葉としては存在していますが、目には見えないからです。

そこで、この中身を**図にして理解する**ようにするのです。すると、**感覚や感性の働き**がそこに参入してきます。左脳＋右脳の働きで、〝こなれた知識〟となってくるのです。その結果、きわめて記憶もしやすくなります。

言語（左脳）を図（右脳）で補強する記憶法

①左右対照法

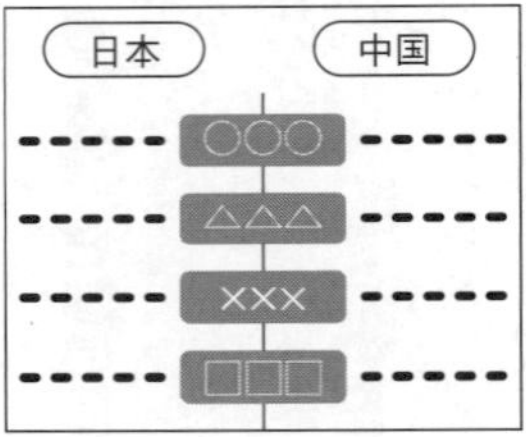

②時系列法

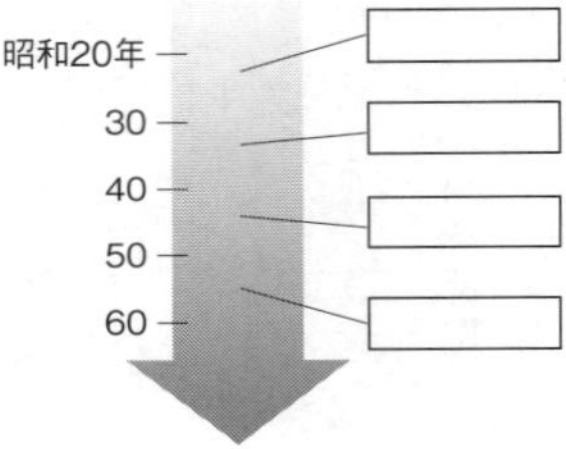

③樹木法（メモリーツリー法）

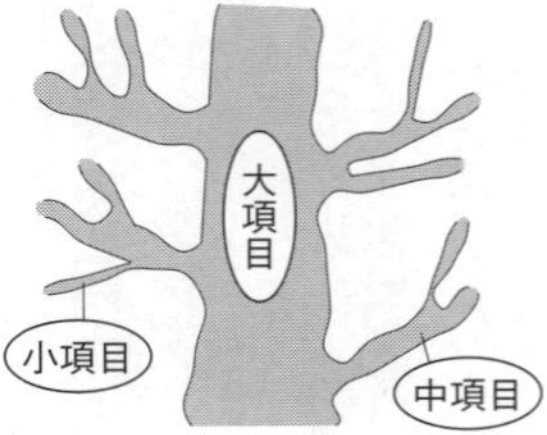

④地図思考法（メモリーマップ法）

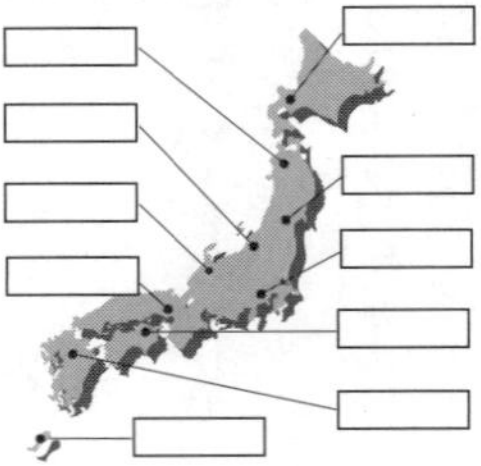

⑤擬人化法

覚える内容に合った「図解法」を選択することが大切。左脳＋右脳で理解力・記憶力は格段に高まる

これには、メモリーツリー法をはじめ多くの方法がありますので、表と図で紹介しておきます。

合格する勉強法32 「数字転換記憶法」を使えば、無意味数字も怖くない

先に、記憶という行為は大切なものだが、暗記という行為の重要性は極めて低いと言いました。ただ、まったく暗記の必要性がないわけではありません。その際の対策として役立つのが、数字転換記憶法です。

記号としての意味はあっても、語としての意味はないのが数字ですが、その数字に音《おん》を割り振り、その音を結合させることによって、意味をもったフレーズにする。これが、数字転換記憶法です。

こんな説明では、かえってわかりにくくなったかもしれませんが、「合格する勉強法26」で取り上げた15桁の数字を思い出してください。「鳴くよ（794）鶯《うぐいす》平安京」「戦《いくさ》長々（1937）盧溝橋《ろこうきょう》」などの、おなじみの手法です。語呂合わせと言ってもいいでしょう。

これも、方法自体は単純です。しかし、文字通り意味のない数字を覚えるのには、有効なことはまちがいありません。

日本には、こうした手法を使って、**円周率を10万桁もいえる人**さえいます。『ギネスブック』公認の**世界一の円周率暗唱王、原口證《はらぐちあきら》さん**です。原口さんの前の記憶王も日本人で、その前も日本人。世界一の記憶王は、日本が3代も続けて所持しています。

認知心理学では、**人間が覚えられるのは7単位（チャンク）までとされています。**これは認知心理学の創始者の一人であるアメリカのG・A・ミラーという学者が50年も前に唱えた説ですが、かつてのテレビの人気クイズ番組で有名になった〝マジカルナンバー7〟というのは、ここから生まれたものです。

この7単位の限界を超えるためには、数字転換法のようなテクニックが必要になるわけです。

なお、数字にどういう音を割り振るかは、人さまざまですが、一般的には、1ならイチ、イ、ヒト、ヒ、2ならニ、ジ、フ、フタというふうに、ごく日常的に使われている音をあてます。

ただ、それだけでは、数字をストーリーなどに置き換えるときに不便なので、いろいろな工夫がなされています。

手っとり早いのは、スマホやケータイなどのキーボードと同じく、1はア行でアイウエオ、2はカ行でカキクケコ、3はサ行でサシスセソ、4はタ行でタチツテト……とい

高島式数字転換記憶法

・著者も円周率に挑戦してみました。携帯電話のキーボード式です
・記憶が苦手な高島でも100桁なら楽勝です

①	31	41	59	26	53
	サイ	ダイ	ノリ	カバ	ナス
	が	コンと	マキを食べ、一方	は	を食べた

②	58	97	93	23
	ナヤ	ラム	ラジ	カセ
	に	ネと		があった

③	84	62	64	33
	ヤタ	ハガ	バタ	サザ
	イで	キを見ながら	ーのついた	エを食べた

④	83	27	95	02	88
	ヤシ	カメ	ルナ	ワカ	ヨヨ
	の下	が	の光浴び	を	んだ

⑤	41	97	16	93	99	37	51	0
	ツエ	ラマ	イフ	ロス	リリ	サマ	ナイ	ワ
	の	僧が	(if)と言って	を	クした			

⑥	58	20	97	49	44
	ナヤ	カワ	ラマ	ツリ	タテ
	の	ヤに	僧が	竿を	た

⑦	59	23	07	81	64
	ナラ	カサ	ワマ	ヨイ	ヒダ
	で	を	ッと わして		

⑧	06	28	62	08	99
	ワハ	コヨ	ハコ	ワヤ	レロ
		いは	シュ(酒)で	ワヤ	レロ騒ごう

⑨	86	28	03	48	25
	ヤヒ	キヨ	ワサ	ツユ	カナ
	(野卑)に似合う	い	ビと	草	

⑩	34	21	17	06	79
	サタ	カイ	アマ	ワッペ	ミロ
	ンと	ゼル	リに	ン	ミロ

結婚式の仲人挨拶でも使える山手線方式

（挨拶の要旨）

「新郎は鶯の鳴く地方の坊ちゃんとして生まれ、やがてラグビー選手として有名になった。新婦は理系の才媛で、私が落ちた大学に入学した。二人はアンバランスのようだが、お互い自分にないものに引かれたようだ」

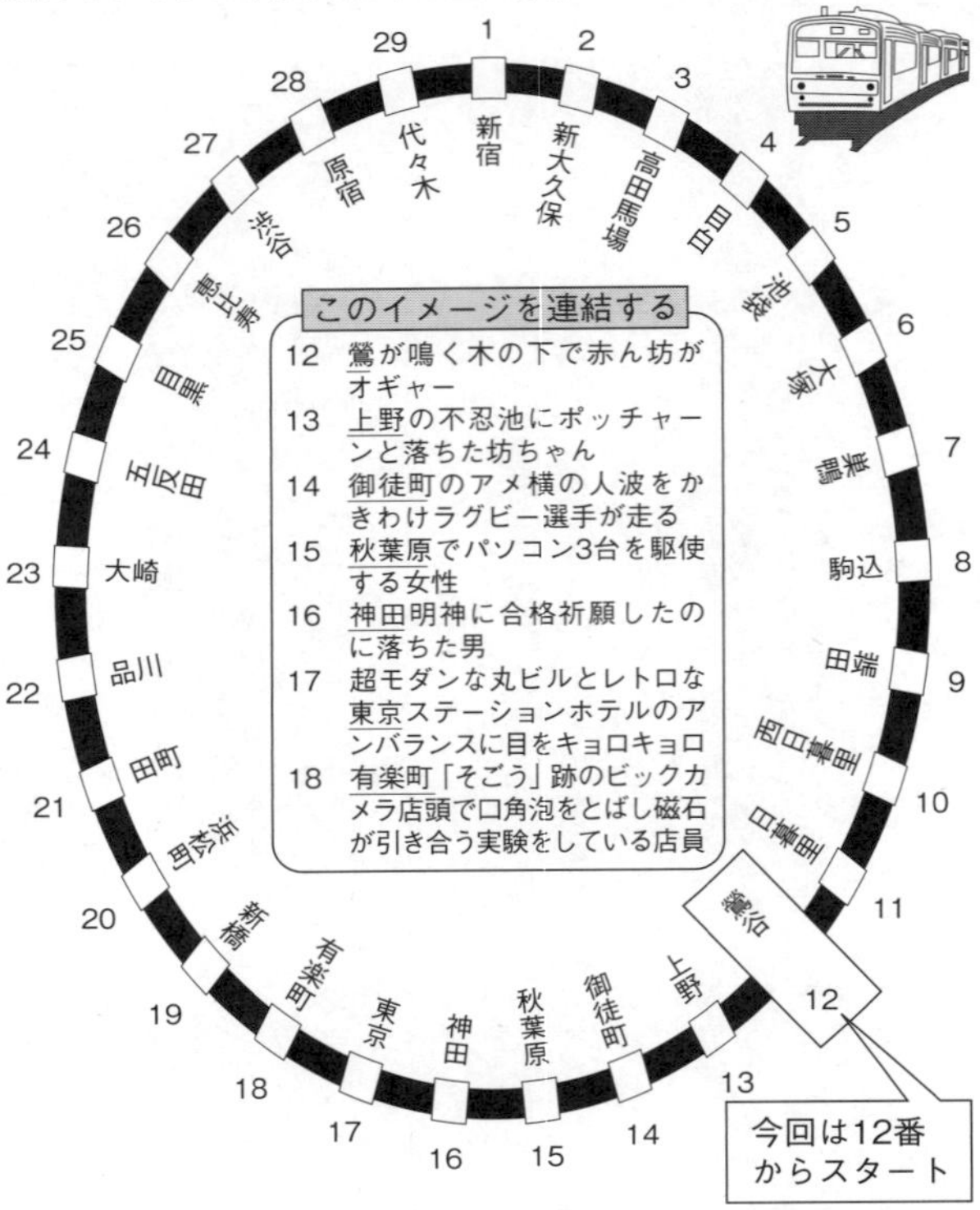

こんな記憶法もある——身体部位方式

歴代国民栄誉賞受賞者を覚えるには——

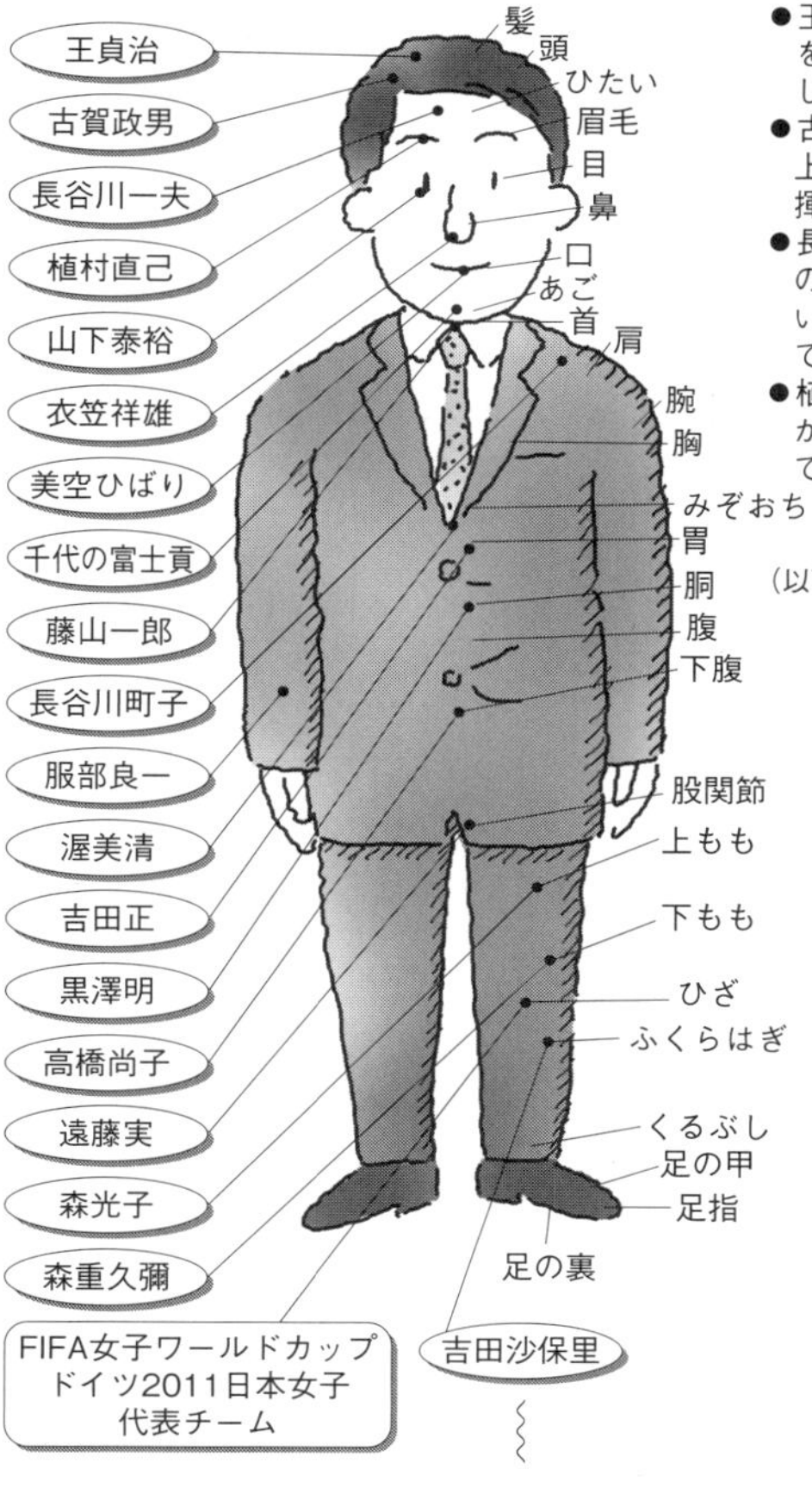

- 王貞治が髪の毛を束ねてバットにしている
- 古賀政男が頭の上で踊りながら指揮している
- 長谷川一夫が「おのおの方」とひたいに汗をにじませて言っている
- 植村直己が眉毛から頭頂を目指して登っている

（以下同じように）

「数字転換辞書」を使えば数字の記憶もラクラク

数字	従来の用例から	携帯電話のキーボード式も追加	外国語から
0	マル、マ、オー、ゼロ、レイ、ン	ワ行音（ワ）	
1	イチ、イ、ヒト、ヒ	ア行音（アイウエオ）	ワン　イー
2	ニ、ジ、フ、フタ	カ行音（カキクケコ）	ツー　バイ　アル
3	ミ、サン	サ行音（サシスセソ）	スリー　トライ　サン
4	ヨン、ヨツ、シ	タ行音（タチツテト）	フォー　スー
5	イツ、ゴ	ナ行音（ナニヌネノ）	ファイブ
6	ムツ、ム、ロク、ロ	ハ行音（ハヒフヘホ）	シックス
7	ナナ、ナ、シチ、セブン、セブ	マ行音（マミムメモ）	セブン
8	ハチ、ハ、ヤツ、ヤ	ヤ行音（ヤユヨ）	エイト
9	ク、キュウ、ココノツ	ラ行音（ラリルレロ）	ナイン
10	トオ、ト、ジュウ、テン		テン

活用例

シルバー住宅の玄関の幅は

1365ミリは必要。できれば1820ミリが理想。

（福祉住環境コーディネーター検定試験）

▼

1 3　　　　6 5

（娘の）ヒトミ（＝瞳）のムコ

（老後の家は）イーヤフタマ（二間《ふたま》）で

1 8 2 0

うような、補強というか、音を増やす方法です。

ともあれ、このように無意味な数字を意味のあるものに転換すると、記憶が容易にできるようになります。

この章の確認ポイント

◆この章には、勉強する現場で役立つ32の勉強法が紹介されています。特に価値のあるポイントをピックアップしておきます。

◆テキストを開くたびに目次をさっと眺め、勉強時間中は目次のコピーを座右におく。

◆時間の性質（大・中・小時間）に合わせた勉強内容にすると、一段と効率がアップする

◆特別な訓練不要。「速読の意識化」だけで、だれでも速読名人になれる。

◆キーワードを連結すれば、ページの大意がたちまちわかる

◆目・声・耳の三重入力は、記憶効果を2倍、3倍に高めてくれる

◆どんな難しいことでも、「分割」すれば、理解も記憶もたやすくなる

◆すべての記憶の出発点は、〈わかる〉ことから始まる

第4章

合否ボーダーラインで勝ち残れる「裏ワザ」集

驚き！「運と要領だけで合格する」技術がある

「おかしいな。オレのほうがはるかに力があるのに、どうしてアイツが受かって、オレが落ちるんだ！」

入社試験で、昇進試験で、資格試験で、あなたはそう嘆いたことがありませんか。反対に、「何だかオレ、ツキすぎているんじゃないの。だって、どうみたってアイツのほうが上なのに、オレが受かってアイツが落ちるんだもんなぁ」

と、嬉しい中にも複雑な気持ちを抱いたことがある人もいるでしょう。

それは、そうなのです。そもそも試験とは、そういうものだからです。いや、試験だけでなく、人生だってそうかもしれません。

その分岐点は、なんでしょう。一つは、「運」です。これは、人にとって一生つきまとうものですから、拒否したくても拒否のしようがありません。

でも、「運」の研究は、この本のテーマではありませんから省略するとして、**二つ目にあげなければならない重要な要素は、「要領」なのです。**

試験でも何でも、要領のいい人は、大方の予想を裏切って成功します。

「へー、あいつがねぇ……。あんな難しい試験に受かったなんて、いまだに信じられないよ」。そうかと思えば、「どうしてアイツがまた落ちたんだ。模擬試験では、あれほどぶっちぎりの成績だったのに……」という、気の毒な方がいるのも事実です。こうした結果が起こる背景には、「運」もさることながら、「要領」が大きく影響しています。

「捨てた」あとで「拾いあげる」のが真の「要領」

では、資格試験の例で、私の体験をお話ししましょう。

かつて、行政書士試験には、理科・数学の問題が4問ほど出題されていました。ところが、私は、高校2年のとき、思うところがあって（実は、私が決めた志望大学の試験科目に数学がなかっただけ）「数学を捨てて」以来、いっさいの数学・理科ができなくなりました。

では、どうすればいいのでしょう。**そこで編み出した私の試験対策は、数学・理科の4問については、すべて「2」にマークするという方法（要領）です。**そうすれば、確率的にいって、悪くても1問、よくすれば2問は取れるとふんだのです。

結果は、私の予想どおりで、2問をゲットすることができました。

よく資格試験において、「この科目は捨て科目にしたほうがいい」というような指導が、受験予備校ではなされます。でも、それだけでは不十分なのです。**むしろ「捨てた」後に、どんな対策を取るかこそが重要。**それがないと、「捨てた」科目は0点で終わってしまいます。

私のように、「捨てて」はいても、そこで点を稼ぐことこそが「要領」なのです。そうでなければ、「要領」とはいえません。

このときは、問題が難しく、一生懸命に勉強した人でも、2問もとれれば上出来だったようです。それなのに私は、何の勉強もせずに、「上出来」の点数をとってしまいました。

しかも、数学・理科にあてる分の時間を、他の科目の勉強にあてたのですから、そちらではがっぽり点数をいただきました。

これこそ、要領だと思っています。

「要領」で行政書士試験の合格を呼び寄せた人

この話には、まだ続きがあります。「運」に恵まれれば、いかにこの方法が有効であるかという後日談です。

私は、〝資格取得スピード王〟として名を馳《は》せたせいで、資格受験の個人指導を依頼されることがあります。私自身も「現場」を踏むことの大切さはわかっていますので、好んでその機会を求めます。

これは、そんな中で実際にあったエピソードです。

ある年に教えた行政書士をめざす30代の受験者（社会人）ですが、レベルも高く真面目に努力もされるので、どうやら合格ライン上にいると判定していました。

さて、試験当日。ある受験予備校の当日答案発表会で偶然いっしょになり、二人で近くの居酒屋に席を移して、その方と成績検討会を開きました。

その結果、当落予想は「ほぼ合格」と出たのですが、ちょっとびっくりしたことがあります。**民法を不得意としていたその方が、難問が多いことで有名なこの科目で、見事に4問中3問を当てていた**のです。

「これはスゴイですね。インスピレーションですか……」と聞いたら、

「いや、先生が〝わからない科目は、みな同じ番号をつけろ〟しかも〝2番か3番にしろ〟と言われていたので、すべて3につけたんです。そしたら、かなり当たったみたいですね」

これも「運」です。出題者が1や5に答えを集中していれば、彼は民法は0点で、不合格になっていた可能性が高いのです。ギリギリでの「ほぼ合格」判定でしたから。

でも、出題者が3に答えを集中したからこそ、彼は民法については、乏《とぼ》しい知識しかないのに、高い点を取ることができたのです。

ふつう、一般の人は、こういう解答法はとりません。不得意なら不得意なりに、懸命に考えたうえで、自分が「よし」と思う答えにマークします。すると、答えはバラバラな選択肢に分かれます。したがって、4問全部が不正解になることも珍しくありません。

つまり、**真面目に試験に取り組んだがために、試験に落ちることもあるのです。**

事の善し悪しを離れて、それは「要領」の悪いことには変わりありません。

この話、ここまでは「ある年」とぼかして書きましたが、実際は（少し前の例になりますが）平成13年の行政書士試験でのことです。疑い深い方は、この年の民法の答えの選択肢を過去問題集などでチェックしてみてください。そうすれば、フィクションでないことがわかるはずです。

答えは、問題27から問題30まで、なんと3、3、3、4の順で並んでいます。

出題者も〝人の子〟

もう一つ、出題者がなぜ2や3という同じ選択肢の正解番号を選ぶか、おわかりでしょうか。

これも、ただ闇雲《やみくも》にそうしているわけではありません。「出題者も人間である」という深い〝哲学的・社会的（?）〟洞察《どうさつ》を踏まえて、そういう選択をしているわけです。

というのは、人間には身を守ろうという本能がありますから、多くの人は自分が突出して、何かをやることには躊躇《ちゅうちょ》するものです。失敗すれば、責任追及の憂き目にあうことも珍しくありません。すると、**出題者としては、1とか5とかの端っこの選択肢に答えを集中するやり方を取るのは、勇気のいること**なのです。

出題者の中には、そういう勇気のある、ある意味で〝意地悪な方〟もいるかもしれません。でも、多くの方はもっと〝善良な方〟だと、私などは信じています。性善説（笑）です。

集中するなら2か3か4に、そうでない場合は適当に各選択肢にばらまく、というのが、中庸《ちゅうよう》を得た人のとる行動パターンです。そこで、受験する立場の方には、2または3の肢をすすめているのです。

いまのところ、この方法で失敗したことはありません。

TOEIC試験だって「要領」を活用できる

これは、ある意味で確率論を下敷きにした解答術でもあります。私自身も、英語のTOEICテストでは、受験のたびに必ず活用している方法です。

TOEICは、日本ではいまや年間延べ230万人も受験するマンモス試験ですが、リーディングは問題数も多く、私などの語学力（最高時スコア630）では、100問すべてに解答しきることは不可能です。どんなに速読・即答を心掛けても、最後に7〜8問は、残ってしまいます。

そこで、試験終了3〜5分前になったら、あとの問題はスパッと諦《あきら》めます。問題文など何も見ずに、予定した答えの選択肢をマークシートに連続で書き込むためです。

ABCDのうち、BにするかCにするかは、その日の気分次第です。

TOEICは、解答の選択肢が1、2、3、4ではなく、A、B、C、Dですが、数字に置き換えて、試験日が○月3日だったら、3（C）をその日のラッキーナンバーとします。また、2月や、他の月でも二十何日なら、2（B）をラッキーナンバーにしたりします。

このあたりは、まさに運を天にまかせるわけです。ただ、まちがっても、1（A）や4（D）につけてはいけません。理由は、先ほど書いたとおりです。

ところで、この原稿（初出時）を書くにあたり、私の資料インデックスのTOEICの項を点検していたら、ちょっと楽しいブログの資料が出てきました。「FDクラススタッフ控室（地下2階）」という名のブログです。

書いてあったことは、ほとんどがユーモアの世界ですから、真面目な受験対策とは違いますが、面白いので骨休めの意味で紹介させてもらいます。

テーマは、**「TOEICで全部同じ番号をマークするとどうなる?」**です。

何でも、ある人が全部「3」にマークしたところ、220～230点の間だったとか（フルスコアは990点）。で、こんどはさらにチャレンジ精神を発揮して、全部「2」につけたらどうなるかも試してみたとか。

その結果については、正確な数字は書かれていません。なぜなら、このテストはTOEICでも、公開テストではなく、会社として参加した団体テストだったので、目論見《もくろみ》が発覚して会社の人事部に呼ばれ大目玉を食ったそうです。話がそちらのほうに流れたので、正確な点数は書いてありませんでした。

「実力」プラス「要領」が大切

また、記事に対するトラックバックに、こんな発言もありました。「TOEICで全部同じ番号をマークするとどうなる?」。答え⇩「時間の節約になる」なんてね。

それはそうです。TOEICは、リスニングこそ音声に合わせて記入しなければならないので、45分という時間は自分で勝手に操作できませんが、残りの75分をあてられるリーディングは、時間をどう使おうと自由です。何も考えずに、ただ単に100問をマークするだけなら、10分とかからないでしょう。大変な時間の節約です。

思わず笑ってしまいましたが、これらはあくまでも骨休め、ブレークタイムの話題です。なお、先に書いたように、TOEICの答えの選択肢は「A」「B」「C」「D」ですが、この記事ではわかりやすく、「2」と「3」に置き換えたものと思われます。

さて、ユーモアやシャレは、あくまでもその世界の話です。全問を同じ選択肢番号にマークしてしまっては「時間の節約」にはなっても、「頭をよくみせる」ことや「外見的能力を開発する」ことにはつながりません。

現実の世界は、少し野暮です。そこで、「同じ選択肢を選ぶ」というすばらしい着想の応用として、私のように終了間際に残った問題の処理策として活用することが考えられるわけです。いってみれば、「実力」にプラスして「（いささかの）要領」を使うということです。

もっとも、このブログでも言及していますが、同じ数値だけを続けると、コンピュータ管理が行き届いているTOEICですから、「異常値」として認識され、その部分が0点になるか、あるいは減点対象になる危険も考えられます。

試験というのは、受ける側からすればブラックボックスのようなもの。向こう側の処理が、どのように行われているのか、こちら側からは把握しようもないのです。

行政書士のような試験は、まだそこまで対策が進んでいるとは思えませんが、TOEICの場合は、その辺がどう処理されているのか、私自身も少し心配しています。

そうはいっても、「試験は要領がものを言う」という私の立場からすれば、やはり取り入れてみたい処理策＝ノウハウであることは否定できません。

解答は、10問同じ番号を続けてもよい

番号の並び方の話が出たので、ここでもう一つ、言っておきたいことがあります。最近は、マークシート式の試験がほとんどですから、経験がある方も多いでしょうが、「4」なら「4」という解答が5問も続いたら、不安になりませんか。ましてや、その選択肢が「1」や「5」だったらなおさらでしょう。

「いくら何でも、出題者がこんなに同じ正解番号を続けるはずがない」と思うのは人情です。そこで不安になって一番怪しそうな問題の答えを、他の選択肢に変える人が多いものです。でも、実はこれこそ逆に、最悪の解答術なのです。

なぜなら、「『4』が5回も続いている」というのは、あくまでもあなたが正しい答えを出しているという前提でいえることだからです。**実は、その五つ連続した「4」の中には、あなたが誤ってそう思っているだけのものが、9割の確率で入っているもの**のです。

それなのに、自分はすべて正しい答えを選んでいる、と思い込んでしまうのが、人間の浅はかなところです。それによって、とんでもない錯覚を起こすことになります。

解答が10問同じ番号が続いてもよい理由

	最初のあなたの解答	正答	4が続くからと修正すると
問題1	4	3	4
問題2	4	2	4
問題3	4	4	3
問題4	4	4	4
問題5	4	5	4
問題6	4	1	4
問題7	4	4	2
問題8	4	4	1
問題9	4	4	4
問題10	4	2	4
		↓	↓
		5問ゲット	2問しかゲットできないこともある

最悪のケースは、わざわざ変えた箇所がほんとうは「4」が正解で、他に「4」として残した箇所の正解は「4」でなかった、という場合です。図のように「4」のままで10問、続けているほうが点が取れたというケースはよくあることです。

ですから、同じ番号が何個続こうと余計な心配をする必要はありません。それを心配するのは、その人自身の思い上がりにすぎないのですから。かりに、10個続けて同じ番号であっても、堂々とそのまま書いて出せばよいのです。

お教えします！　なぜか答えが当たる裏ワザ集

こうした経験を踏まえ、私はある本にこう書きました。

「私は資格コンサルタントとして、たくさんの資格受験の方と接してきましたが、そこで感じたことは、**資格受験に関しては、必ずしも〈努力と結果が比例する〉とはかぎらない**ということです。**試験合格にはコツや要領があるのです**」

この章で言おうとしていることは、右の言葉に尽きます。

要領というと、人聞きが悪いかもしれませんが、では、「勉強の技術」、「合格の技術」と言い換えたらどうでしょう。決して悪いことではありません。

早く合格するために理に適《かな》った（要領のいい）勉強をし、理に適った（要領のいい）解答術を身につける……誰もがやっている当然なことではないでしょうか。

でも反面、「要領が大切」といってみても、それだけですべてが済んでしまうわけではありません。「その要領とはどんなものか。それを教えろ」というご要望をいただくのは、ごく自然の成り行きでしょう。

そこで、ここまでは私の体験を織りまぜながら、「要領」について書いてきたのですが、ここから後は、少しハウツー的に、「これを知っておけばかなり有利」という「要領」＝〝おまけの勉強技法〟について解説していきましょう。

つまり、**「知識がなくても正解を導き出す裏ワザ集」**――。

これぞ、まさに最高の要領ではありませんか。

なぜか当たる裏ワザ 1　問題文の言葉づかいだけで正解はわかる

論より証拠、実例を出しましょう。

【問題】 営業保証金に関する次の記述のうち、誤っているものはどれか。

①旅行業者は、営業保証金を主たる営業所の最寄りの供託所に供託しなければならな

い。
②営業保証金の額は、その旅行業者の業務の範囲と旅行者との取引額に応じて定められている。
③旅行業者は、登録の抹消があったときには、営業ができないわけだから、あらゆる場合に営業保証金を取り戻すことができる。

これは私が作った、三択の問題です。総合旅行業務取扱管理者という試験に出題されそうな問題といえます。

さて、正解を選んでください。

こういうと、叱られるかもしれませんね。「旅行業の分野なんて、勉強したこともないのに、いきなりわかるわけがないだろう」と、どなられるかもしれません。

でも、「試験は要領」をモットーとしている私なら、正解を選び出すことができます。

試験の裏ワザに通じていれば、勉強していなくても正解はわかるのです。これは、その最も典型的で、初歩的な問題なのです。

正解（つまり「誤っているもの」）は、③です。

どうしてわかるのでしょう。注目すべき用語は、③の問題文に「あらゆる場合に」という言葉があることです。

私はこれを、「例外なし文言《もんごん》」と名づけています。つまり「例外はまったくない」という前提または趣旨で綴《つづ》られた文言のことです。**こういう「例外なし文言」は、法律系の試験の場合は、ほとんど内容として誤っています**（つまり○ではなく×です）。

というのは、昔の法律は、「目には目を」のハンムラビ法典のように、きわめて簡単でした。しかし、社会がこれだけ複雑系になってくると、そういう規定はほとんど意味をなしません。

必ず、例外（レアケース）が出てくるからです。ですので、法律もかなり緻密《ちみつ》にならざるを得ず、それだからこそ弁護士のような専門的職業も成立するわけです。

六法全書などで、法律の条文を読んだことのある人はおわかりでしょうが、条文にはよく**「ただし」という文言**が続いていることが多く、専門的に「○○条ただし書き」などという言い方もされるほどです。また、同じ条文のところでなくても、遠く離れた箇所に、「（この規定には）○○条は適用せず」などと書いてあったりします。

そんなわけで、例外を排除するような表現は、オーバーにいえばハンムラビ法典の時代に逆戻りするようなものなのです。

「法律には例外あり」ですから、まずはあり得ないといっていいでしょう。

そう覚えておけば、勉強したことのない問題にも、正解は出せます。つまり、別表に示すような、**例外を排除する用語を含む選択肢は、まず×と考えていい**のです。

ですので、出題文が「誤っているものはどれか」と書いてあり、×の選択肢（内容的に誤っているもの）を選ばせる問題なら、それを選べば正解したことになります。逆に、出題文が「正しいものはどれか」という○の選択肢（内容的に正しいもの）を選ばせる問題なら、その選択肢を選んではいけません。

択一式の試験に慣れていない方は、この辺の表現がわかりにくいので、少し補足しておきます。出題文には、「正しいものはどれか」というのと、「誤っているものはどれか」という二つの種類があります。

前者の場合は、○の選択肢（内容的に正しいもの）が正解肢となり、それを選んだときに正解になります。しかし、後者の場合は、求められているのが×の選択肢（内容的に誤っているもの）ですから、それが正解肢となり、それを選んだときが正解になります。つまり、単純に○＝正解、×＝不正解ではなく、出題文次第ではこれが逆になるわけです。

×の表現

すべて
あらゆる
必ず
常に
全部

◯の表現

ことがある
場合により
とはかぎらない

なぜか当たる裏ワザ

2 「ぼかし文言」は◯だが、正解肢にはならない

この「例外なし文言」の反対側にあるのが、**「ぼかし文言」**です。

これは、対象を大きくとらえるわけですから、網が広い。「天網恢恢疎《てんもうかいかいそ》にして漏《も》らさず」という言葉がありますが、すべてが入ってしまうので、◯の可能性が高いとみることができます。

ただし、「ぼかし文言」自体、表現があまりにも漠然《ばくぜん》としているので、この選択肢を正解として選ばせる出題はめったにありません。「誤っているものを選びなさい」とい

う問題の中で、捨てる選択肢として、ひっそり紛《まぎ》れ込ませていることが多いものです。

つまり、飾り物ないしは穴埋《あなう》めの選択肢です。そこで、こういう表現があったら、頭から取り除いてしまい、あとは残りの選択肢から×（内容の誤っているもの）を選びだすようにすればよいわけです。

これは、マークシート方式（択一方式）試験の基本のようなもので、ひところ大学受験予備校ではよく教えていた解答法です。

でも、最近はそんな知識は知れ渡ってしまい、大学入試では、出題側も受験側もこうした解答術には、あまり目もくれなくなっています。

しかし、大丈夫です。**「大人の試験」である資格試験の世界は、まだそこまで世知《せち》辛《がら》くなっていない**のです。

私は、仕事柄、いろいろな資格試験の問題に接する機会が多いのですが、いまでもこの解答術が役立つような単純な問題も決して少なくありません。

出題技術という意味では、ある意味おおらかさが残っているのが、「大人の試験」の世界といっていいでしょう。

私見を述べれば、これは私の趣味には合っています。あまり世知辛くなるより、そんなレベルでいいのではないでしょうか。

なぜか当たる裏ワザ

3 「3対1の法則」は、難問を解く〝魔法のカギ〟

もう一問、〝頭の体操〟をやってください。

知識なしで、図の問題が解けますか？

少し込み入っていますが、**知識がなくても、正解が導きだせないわけではありません。その際、しっかりと頭に入れておいていただきたいのは、「3対1の法則」ということです。**

といっても、なんのことやら、チンプンカンプンかもしれません。詳しく説明しますと、問題文のそれぞれの肢を読んでみて、四つの肢のうち三つに共通の要素があって、それが残る一つの肢にだけない場合は、その一つを除外しよう（つまり正解ではない）という考え方のことです。

言い換えてみましょう。まず、問題文をさらっと読んでみます。すると、似たような表現が目につくことがありますよね。それが、似た表現の選択肢が三つ、まるで違う選択肢が一つとわかれている場合には、その一つにはまず絶対といっていいくらい正解はない、という法則のことです。まずは、このことをしっかり頭に入れたうえで問題に取り組んでみてください。

「3対1の法則」を使うと知識がなくても正解になる

問題

　純二郎は9000万円の遺産を残して死亡した。

　純二郎には、配偶者春子と春子とのあいだの子である一郎がいる。純二郎と春子とのあいだには、一郎のほかにも二郎がいたが、二郎は純二郎の死亡前にすでに死亡しており、その子の夏子が残されている。さらに純二郎には非嫡出子である三郎もいる。また、一郎には子の冬子がおり、一郎は純二郎死亡後ただちに相続を放棄した。

　この場合の民法の規定にもとづく法定相続に関する次の記述のうち、正しいものはどれか。

(1)春子が6000万円、三郎が3000万円の相続分を取得する。
(2)春子が4500万円、夏子が4500万円の相続分を取得する。
(3)春子が4500万円、夏子が3000万円、三郎が1500万円の相続分を取得する。
(4)春子が4500万円、冬子が1800万円、夏子が1800万円、三郎が900万円の相続分を取得する。

「3対1の法則」を使って解くと……

1. 春子の相続分はどうなっているか？
(2)(3)(4)とも4500万円になっていて共通。よって異分子の(1)を消去（以下、同様に）。
2. 三郎を相続権者として登録させているか？
(1)(3)(4)は登録させている。よって(2)を消去。
3. 冬子を相続権者として登録させているか？
(1)(2)(3)は登録させていない。よって(4)を消去。

結果

残った(3)が正解となる。

いかがでしたか。答えはわかりましたか。

正解は、(3)です。なぜでしょう。種明かしをしてみます。

①「春子が4500万円」に注目してください。(2)(3)(4)にはありますが、(1)は6000万円です。したがって、(1)は正解ではありません。

②三郎に注目。(1)(3)(4)には登場していますが、(2)には登場していません。したがって、(2)は正解ではありません。

③冬子に注目。冬子が登場しているのは(4)だけで、他には登場していません。したがって、(4)は正解ではありません。

④以上にもとづいて(1)(2)(4)を除外すると、残ったのは(3)だけです。したがって、(3)が正解です。

なぜか当たる裏ワザ 4　出題者の心理を読めば、答えの見当はつく

なぜ、こうした問題が出るのでしょうか。そのわけは、何なのでしょうか。

これを解くカギは、出題者の心理です。

出題者は、正解が目立ってすぐ目をつけられることを極端に嫌います。なぜなら、正解が目立ちすぎると、正答率が上がりすぎるという心配もあるでしょう。しかしそれ以

上に、「出題する人も人間」という哲理が貫かれているのです。

どういうことかというと、出題者は誰でも、問題作成者としてのプライドや職人的気質を持っています。ですから、簡単に正解を見抜かれたのでは、自分の立場がありません。

そこで、**問題文を読んで、一つだけ目立つような選択肢に正解をもってくることは、まずありません。**受験者の前に、あたかも自分が裸で立っているような不安な心理になるからでしょう。

そこで、必ず、正解と同じような選択肢を作り、「さて、どちらでしょう」と問い掛けてくるのです。

それを受験業界では、「影武者」を作るといっています。戦国時代の武田信玄《たけだしんげん》やイラクのフセインは、「影武者」がいるいないで話題をふりまきましたが、実は受験業界でも、そうした「影武者」が活用されていたわけです。

そこで、その例をみてみましょう。

【問題】 次の記述のうち民法の規定によれば、誤っているのはどれか。

①土地の所有者は、隣地から雨水が自然に流れてくることを阻止するような工作物を設置することはできない。
②土地の所有者は、隣地の所有者と共同の費用をもって、境界を標示すべき物を設置することができる。
③土地の所有者は、隣地から木の枝が境界線を越えて伸びてきたときは、自らこれを切断できる。
④土地の所有者は、隣地から木の根が境界線を越えて伸びてきたときは、自らこれを切断できる。

これは、ある年度の宅地建物取引主任者試験の出題ですが、〝影武者理論〟を使えば、**民法や宅建試験の勉強をしていなくても、悪くても50パーセントの確率で正解を得ることができます。**

まず、影武者とは何でしょう。そう、見かけ、外見がそっくりな人のことですよね。では、この問題の中で、見かけが一部を除いてそっくりなものはありますか。

これは、法律の勉強をしていなくても、誰でもわかります。③と④です。

この二つは、ほとんど同文です。ただ、違うのは③で「枝」となっている部分が、④

では「根」となっているだけです。

ですから、要は「枝か根か」という問題に収斂《しゅうれん》します。あとの二つ、①と②はなんだか難しい理屈を並べていますが、もう読む必要もありません。

では、「枝か根か」、あなたならどちらを選びますか。

境界を越えて自分の土地に伸びてきたもので、被害が深刻なものはどちらでしょうか。人によって考え方は違うでしょうが、私なら「根」だと思います。「根」がそこら中に張りめぐらされ、それを自分で切ることができないとしたら、とても厄介《やっかい》です。

しかし「枝」なら、誰が見ても越境していることはわかりますから「切ってくださ い」と頼めば、隣人も「いや」とはいわないでしょう。そんなわけで、隣人に頼まずに自分で切っていいのは、④の「根」ということになります（ただし、この問題自体は、「誤っているのはどれか」を問うてきているわけですから、正解は③になりますが……）。

これが、〝影武者理論〟です。3対1の法則は、この延長線上に成り立つ理論です。

つまり、**影武者もおかずに、一人だけ目立つように立っているのは、大将ではないと考えます。**すると、正解は、似た者同士の三つの中にあります。

でも、先の遺産相続の例題のように、問題自体にいくつもの要素があって、3対1の法則が幾重にもある場合は、どうすればよいのでしょう。

その場合は、一つの要素ごとに、3対1に分けられないかを検討していけばよいのです。一つの要素で例外になった選択肢を捨て去り、次にまた別の要素で例外になった選択肢を捨て去り、さらにもう一度、別の新しい要素で見直してみます。

このように消去を繰り返していって、最後に消えずに残った選択肢が、真の正解、つまり大将だというわけです。

なぜか当たる裏ワザ 5 迷ったら後ろの選択肢をマークせよ

努力なしで成果を手にできる〝裏ワザ〟のはずなのに、少しだけ複雑な話になったかもしれません。そこで、次は、どなたにでも使える、極めて単純な真理をご紹介しましょう。

それは、**「正解は後方にあり」という法則**です。

これも出題者心理にもとづいた解答術です。出題者は、つねに作問にかなり苦労します。出題者の理想は、角度をどう変えて検討しても何ら矛盾点もなく、かつ知識レベルを適切に測定できる問題文を作りあげることです。

ところが、そんなふうに、苦労に苦労を重ねた〝作品〟が、簡単に解かれてしまうと、苦労が水の泡になります。

当ててもらうのは、いいのです。むしろ歓迎でしょう。ただ、その正解にいたるまで、いろいろと悩んでもらいたい、と思うのは人情でしょう。

ところが、**選択肢の最初のほうに正解を置くと、「あ、これしかない」「正解は、これじゃん」なんて、せっかく苦労して紛《まぎ》れるように作った他の選択肢も読まずに、簡単にマークをつけられてしまう**ことが予想されます。そこで、似通ってはいるが、正解でない選択肢を前に配置し、正解を後方に配置することになります。

とはいえ、すべての問題が、後方正解となっては、解答番号のバランスはとれません。

そこで、受験生が残った二つで悩むような良問や、長い文章（いわゆる長文）から成り立っている問題の場合に、この法則を採用しているとみられます。

ですから、それを逆手《さかて》に取って、長文の問題とか、そうでなくてもそんな匂いのする問題は、後ろの選択肢から読みはじめるのもまた、一つの裏ワザです。

また、選択肢の性質から、正解を導き出す裏ワザもあります。

たとえば、試験によっては、計算問題が入っていることがあります。そういう場合は、実際に計算しなければ答えが出ない選択肢に正解が置かれることが多いものです。

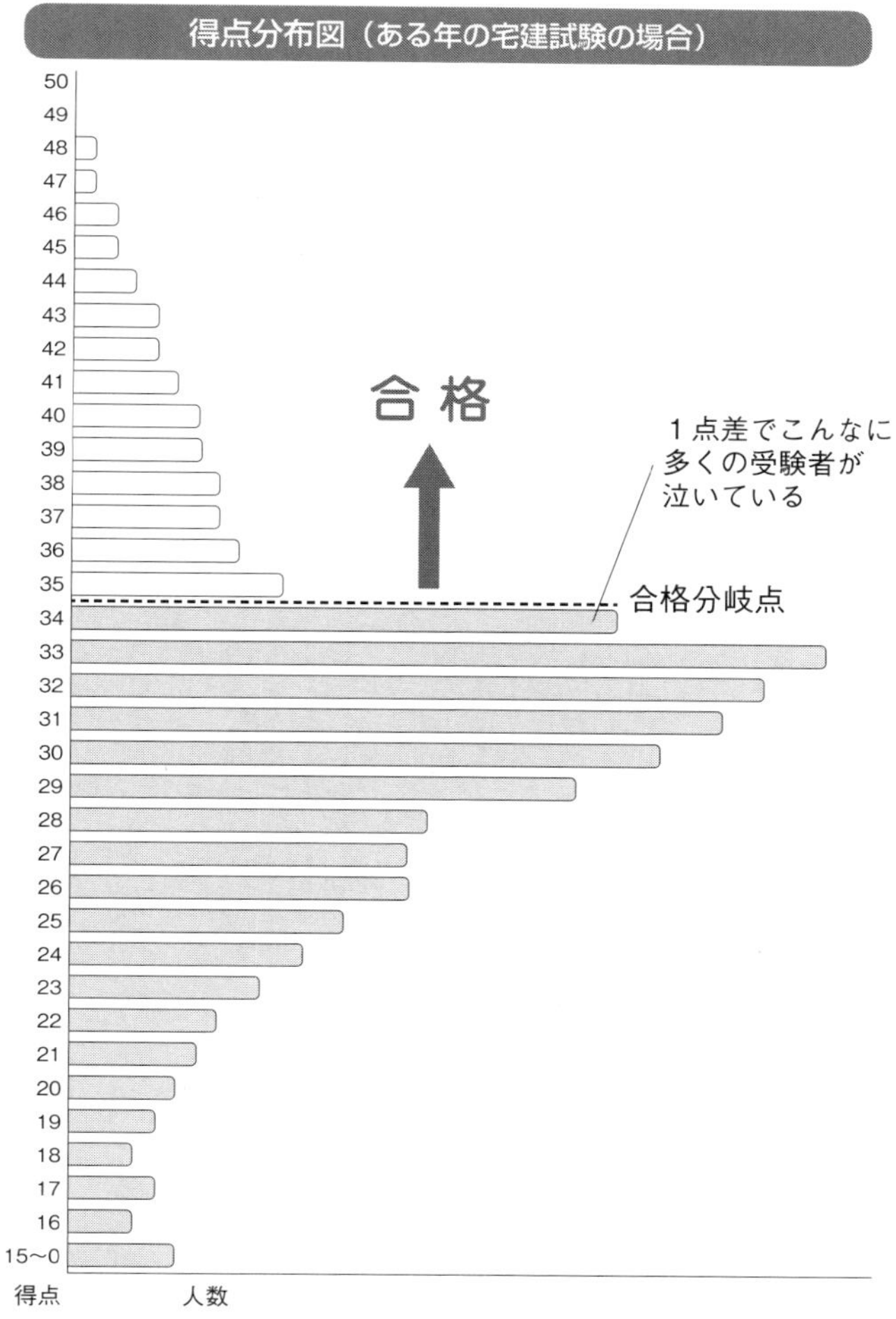
得点分布図（ある年の宅建試験の場合）
合格
1点差でこんなに
多くの受験者が
泣いている
合格分岐点
50
49
48
47
46
45
44
43
42
41
40
39
38
37
36
35
34
33
32
31
30
29
28
27
26
25
24
23
22
21
20
19
18
17
16
15〜0
得点
人数

いかがでしたか？　これらが私のいう〝おまけの勉強技法〟です。私は、おおよその資格は、1〜3ヵ月の準備期間しか予定しないので、試験本番では「あれ、こんなの勉強してないゾ」と驚くことも少なくありません。

ただ、決して慌てたりはしません。多くの場合は、この〝おまけ〟の技法を駆使して解決することができるからです。

＊

合格点が設定される試験の場合、合格者、不合格者の分布はだいたい図のように、なぜか樽《たる》型になります。これをみればわかるように、合格者と不合格者の得点の差はわずか1点の範囲に集中するのです。この1点を取れるか取れないかで、人生が大きく変わることも少なくありません。

であれば、この最後の1点を獲得するために、〝おまけの技法〟を活用する人は真に〝要領のいい人〟ということになります。

この章の確認ポイント

◆試験に合格するには、「要領」が必要です。実際に、知識がなくても点数をとり、合格している人がいるのです。私などもその一人。「要領」にはずいぶん助けられています。

◆試験というのは、勝負をかける一つの土俵です。ここで勝つためには、土俵のしくみを知ることも必要です。その一つに、出題者の心理という要素がありす。そこからいろいろな解答術が編み出されるのです。

◆〝影武者理論〟〝3対1の法則〟〝例外なし文言とぼかし文言〟などは、大学入試では初歩テクニックですが、〝大人の試験〟は、大学入試に比べれば、いまだに鷹揚《おうよう》な部分が残っています。ですから、これらは大人の試験ではまだまだ通用する解答術です。とはいえ、これらの「要領」だけで試験が突破できるものではありません。困った時の神頼みのようなもので、実力で解けない場合の頼みの綱として、限定的に活用なさってください。

本作品は二〇〇六年七月、小社より刊行された『図解　50歳からの頭がよくなる「体験的」勉強法』を文庫収録にあたり改題し、大幅に改筆して再編集したものです。

高島徹治−1937年、東京都に生まれる。早稲田大学政治経済学部中退後、週刊誌記者、出版社社長などを経て、現在、能力開発コンサルタント、資格コンサルタントとして活躍。独自の速読術・速書術や勉強法で1990年より取得した資格は90を超える。資格情報研究センターを主宰。
著書は『すごい「勉強法」』(三笠書房知的生きかた文庫)、『図解・資格王が選んだ「合格保証」勉強法』(PHP研究所)、『資格取得スピード王が教える衛生管理者第1種第2種1ヵ月合格術』(ナツメ社)、『寝る前1分記憶術』(ダイヤモンド社)、『40歳からは「この資格」を取りなさい』(中公新書ラクレ)など50冊を超える。

講談社+α文庫 3ヵ月《げつ》で結果《けっか》が出《で》る!
資格《しかく》が取《と》れる!「超効率《ちょうこうりつ》」勉強法《べんきょうほう》
高島徹治《たかしまてつじ》

2014年3月19日第1刷発行

発行者———鈴木 哲
発行所———株式会社 講談社
東京都文京区音羽2-12-21 〒112-8001
電話 出版部(03)5395-3529
販売部(03)5395-5817
業務部(03)5395-3615
カバー写真——矢野雅之(講談社写真部)
デザイン———鈴木成一デザイン室
本文データ制作——朝日メディアインターナショナル株式会社
カバー印刷——凸版印刷株式会社
印刷———慶昌堂印刷株式会社
製本———株式会社千曲堂

落丁本·乱丁本は購入書店名を明記のうえ、小社業務部あてにお送りください。
送料は小社負担にてお取り替えします。
なお、この本の内容についてのお問い合わせは
生活文化第二出版部あてにお願いいたします。
Printed in Japan ISBN978-4-06-281548-2
定価はカバーに表示してあります。